_____님께 드립니다.

_____년 _____월 _____일

_____

변화와 혁신의 심리학

변화의 시작
하루 1%

심리학 박사 **이민규** 지음

끌리는책

변화의 시작

하루 1%

초판 1쇄 발행 2015년 11월 20일
초판 26쇄 발행 2023년 8월 11일

지은이 이민규

펴낸이 김찬희
펴낸곳 끌리는책

출판등록 신고번호 제25100-2011-000073호
주소 서울시 구로구 연동로11길 9, 202호
전화 영업부 (02)335-6936 편집부 (02)2060-5821
팩스 (02)335-0550
이메일 happybookpub@gmail.com
페이스북 www.facebook.com/happybookpub/
블로그 blog.naver.com/happybookpub

ISBN 978-89-90856-98-2 03190
값 13,800원

꿈이 없는 사람은
슬픈 사람이다.
그러나
꿈만 있는 사람은 더 슬픈 사람이다.

모든 성공에는 작은 시작점이 있다

1954년 5월 6일. 세계 육상계에 놀라운 사건이 일어난다. 당시 25세의 옥스퍼드 의대생이었던 로저 베니스터는 세계 최초로 1마일을 3분 59초 4로 주파한다. 유사 이래 어떤 선수도 넘지 못한 '마의 4분 벽'을 돌파한 것이다. 그런데 더 놀라운 사실은 그로부터 1년이 지난 후 37명이, 2년이 지난 후 300명의 선수들이 4분 벽을 깼다는 것이다.

어떻게 이런 일이 일어났을까? 1954년을 기점으로 인류의 진화 속도가 갑자기 빨라진 것일까? 아니다. 로저 베니스터가 기록을 깨면서 '마의 4분 벽'에 대한 사람들의 두려움도 깨졌기 때문이다. '의대생인 로저 베니스터가 해냈다면 나라고 왜 못해?'라는 생각이 어느새 선수들의 마음속에 자리 잡았기 때문이다.

뭔가 해낼 수 있다는 최고의 증거는…

엄두를 내지 못하던 일도 주변의 누군가가 그 일을 해냈다는 사실을 알게 되면 도전의지가 생긴다. 그래서 철학자 버트런드 러셀도 이렇게 말했다. "우리가 뭔가 해낼 수 있다는 최고의 증거는 바로 다른 사람들이 이미 그것을 해냈다는 사실이다." 그렇다. 독자 여러분도 주변의 누군가가 어떤 일을 해냈다는 사실을 확인하면서 그동안 시도하지 않았던 일에 도전한 적이 있을 것이다.

이 책에 소개된 실천 사례들은 모두 내 학생과 독자 및 실행력 증진 프로젝트에 참여한 분들의 경험을 토대로 작성한 것이다. 그분들은 10대 중학생에서부터 60대 은퇴자까지 우리 주변에서 흔히 만날 수 있는 평범한 이웃들이다. 책을 읽거나 프로젝트에 참여하는 것에 그치지 않고 곧바로 변화를 시도한 이분들이 없었다면 이책은 세상에 나오지 못했을 것이다. 이 자리를 빌려서 그분들께 진심으로 감사드린다.

이분들의 작은 시도들을 읽다 보면 독자 여러분 역시 '나도 할 수 있다'는 생각을 하게 될 것이다. 그리고 작은 일 한 가지라도 실천하다 보면 여러분도 누군가에게 최고의 증거가 되어 있을 것이다.

여러분이 변화에 성공하면 그건 또 누군가 변화할 수 있는 계기가 되고, 여러분이 꿈을 이루면 그건 또 누군가의 꿈이 된다.

변화를 원하면서도 달라지지 않는 이유

변화! 개혁! 혁신! 개인이든 조직이든 '바꿔야 한다!' '변해야 산다!'고 소리치는 사람은 많다. 하지만 달라지는 사람은 생각처럼 많지 않다. 거기에는 몇 가지 이유가 있다.

첫째, 인간은 현재 상태를 유지하려고 하는 강한 본능을 갖고 있기 때문이다. 인간은 정말 고집스러운 존재다. 그래서 충분히 고통스럽지 않으면 변화를 시도하지 않는다. 뉴턴의 운동 제1법칙(관성의 법칙)은 자연계의 사물에만 적용되는 것이 아니다.

둘째, 변화를 너무 거창하게 계획하고 지나치게 어렵게 생각하기 때문이다. 많은 사람들이 다이어트나 금연 같은 개인적인 습관부터, 조직의 혁신에 이르기까지 변화를 너무 거창하고 어렵게 생각한다. 그래서 엄두를 내지 못하고 변화를 시도하기도 전에 포기한다.

셋째, 효과적인 방법을 모르기 때문이다. 연애든 사업이든 조직 혁신이든 세상의 모든 어려운 문제는 누군가에겐 쉽다. 그들에겐 한 가지 공통점이 있다. 작은 힘으로 큰일을 할 수 있는 그들만의 지렛대를 갖고 있다는 것이다.

그렇다면 어떻게 해야 쉽게 변화할 수 있을까? 결론은 간단하다. 우선 관성의 법칙에서 벗어나야만 하는 이유를 찾아내야 한다. 그리고 변화를 쉽게 만들 수 있는 지렛대를 찾아, 즐거운 마음으로 작게 시작하면 된다.

공부든 일이든 이를 악물고 너무 심각하게 도전하면 쉽게 지친다. 자기혁신도, 조직혁신도 즐겁게 해야 끝까지 해낼 수 있고 결과적으로 성공한다. 각오가 단단한 사람은 끈질기게 노력하는 사람을 이길 수 없고, 노력하는 사람은 놀이처럼 즐기는 사람을 이길 수 없다.

노자는 《도덕경》에 이렇게 적고 있다. "세상의 어려운 일은 모두 쉬운 일에서 비롯되고, 세상의 큰일은 반드시 작은 일에서 시작된다(天下難事 必作於易 天下大事 必作於細)." 그러므로 어려운 일을 해내려면 쉽게 시작해야 하고, 큰일을 이루고 싶다면 작게 시작해야 한다.

변화의 시작은 하루 1%로 충분하다. 하루 1%만 투자하면 개인이든 조직이든 얼마든지 달라질 수 있다. 하루는 24시간×60분, 1440분이고, 그 1%는 15분에 불과하다. 하루 15분만 하던 일을 멈추고 생각할 시간을 가져보라. 10년 후 미래로 미리 가보라. 그리고 당장 할 수 있는 작은 일을 찾아 즐거운 마음으로 즉시 실천하라. 하루 1%만 잡아주면 나머지 99%는 저절로 달라진다. 10년 후엔 다른 세상이 열린다.

이 책을 읽을 때는…

이 책을 손에 쥔 독자에게 부탁하고 싶은 몇 가지가 있다.

첫째, 고정관념에서 벗어나 마음 내키는 대로 읽어보라. 책을 읽을 때는 첫 페이지부터 끝까지 순서대로 모두 읽어야 한다고 생각하는 사람이 많다. 책은 순서대로 읽을 필요도 없고, 모든 챕터를 다 읽을 필요도 없다. 읽고 싶은 곳부터 읽고 나머지는 나중에 내킬 때 읽으면 된다.

둘째, 책에 흔적을 남겨 이 책의 공동저자가 되어보라. 책을 구입하고도 나중에 반품할 것처럼 깨끗하게 읽는 사람이 많다. 반드시 볼펜이나 연필을 옆에 두고 책을 읽어보라. 형광펜도 하나쯤 놓고 보면 더 좋다. 밑줄을 긋고, 별표나 느낌표, 물음표 등 온갖 기호와 메모로 읽었던 흔적을 남겨라. 책을 다 읽은 후 여러분이 남긴 흔적을 다시 한 번 읽어보라. 이 책의 공동저자가 되어 있을 것이다.

셋째, 그날 안으로 작은 일 한 가지만 실천하라. 자기계발 서적을 산더미처럼 쌓아놓고 읽어도 계발의 여지를 보여주지 못하는 사람이 의외로 많다. 그 이유는 책을 읽고……, 느끼고……, 잊어버리기 때문이다. 활용하지 않는 지식은 죽은 지식이다. 한 문장만 읽었더라도 책을 읽었다면 반드시 그와 관련된 작은 일 한 가지를 찾아 그날 밤 12시가 지나기 전에 실천하자.

이 작은 실천이 얼마나 큰일로 이어질지는…

1972년, MIT대학의 기상학과 교수 에드워드 로렌츠는 〈예측 가능성: 브라질의 나비 한 마리의 날갯짓이 텍사스에 토네이도를 만들어낼 수 있을까?〉라는 다소 황당한 제목의 논문을 발표했다. 그는 대기순환 경로를 예측할 수 있는 방정식을 만들어 컴퓨터 모니터에 바람의 방향을 그려보았다. 그런데 실험 과정에서 수많은 데이터 중 하나가 1000분의 1밖에 안 되는 극히 미미한 차이로 입력되더라도 대기순환 경로가 완전히 달라진다는 사실을 발견했다.

초기의 극히 사소한 차이가 방정식을 돌면서 점차 증폭되어 걷잡을 수 없는 결과를 만들어내기 때문이다. 이 논문이 발표된 후 사람들은 작은 차이가 시간이 지나면서 엄청난 결과를 만들어내는 현상을 '나비효과butterfly effect'라고 부르게 되었다. 책을 읽고 오늘 실천한 이 작은 일이 여러분의 삶에 나비효과를 일으키는 시작점이 되기를 간절히 소망한다.

2015년 11월
먼내골에서 이민규

그 하룻밤, 그 책 한 권, 그 한 줄로 혁명이 가능해질지도 모른다.
- 니체 -

2장 작게 시작하기

3장 다시 도전하기

1장

크게
생각하기

아~ 미치겠다!
나 정말
훌륭한 작가인데!

세상에 자기 자신이 친 덫보다
더 끔찍한 덫은 없다.
– 레이먼드 챈들러

저는 학창 시절에 지각을 자주 해서 복도에서 벌을 선 날이 정말 많았습니다. 모임에도 자주 늦기 때문에 친구들이 약속 시간을 저에게만 빨리 당겨서 알려주기도 합니다. 가장 큰 문제는 회사입니다. 겨우겨우 취직한 회사인데, 아무리 지각을 안 하려고 해도 가끔 지각하게 됩니다. 많이 늦는 것도 아닙니다. 5분, 10분 정도 늦는데, 그것 때문에 상사들이 매우 못마땅하게 생각하고 있습니다. 이러다가 어렵게 취직한 회사에서 잘리는 건 아닐까요? 이제는 정말 달라지고 싶습니다.

누구를 만나건 최소 15분 전에는 약속 장소에 나타난다고 해서 '15분맨'이라는 별명이 붙은 어느 CEO에 대한 글을 읽고 저도 '약속 시간 10분 전에 도착하는 사람'으로 저 자신을 새롭게 규정했습니다. 그리고 그분이 아침에 눈을 떠서 저녁에 잠들 때까지 어떤 마음가짐으로 생활할지 상상해보면서 그분을 벤치마킹해보기로 했습니다. 그러자 요즘엔 눈을 뜨자마자 '벌떡' 일어나고 약속 장소에 제일 먼저 나타나는 등, 정말 많은 것이 달라졌습니다. 처음으로 3개월 동안 지각을 한 번도 하지 않았고, 친구들과의 약속에도 늦은 적이 없습니다. 이제 약속 시간 최소 10분 전에 도착한다고 저를 '10분걸'이라고 부릅니다.

"평생을 알만 낳다 나중에 털 뽑혀서 먹히고……. 그렇게 살
다 죽고 싶어요?"
"어떻게 해요. 그게 우리의 팔자인데……."
"그게 문제예요. 양계장 울타리가 여러분 머릿속에 있다는 것."

- 영화 〈치킨 런〉 중에서

정신 속에 깊이 박혀 우리를 지배하는 그 무엇?

'난 천성이 게을러.' '의지가 약해.' '내가 어떻게 그런 일
을…….' 이런 부정적인 생각은 의식하지는 못해도 우리의 정신
속에 깊이 박혀 우리의 태도와 행동을 지배한다.

'나는 이런 사람이다'라고 자신을 규정하면 우리 모두는 그것
이 옳든 그르든 상관없이 그것과 일치하는 행동을 하게 된다. 모
든 인간은 자신의 믿음과 일치하는 방향으로 행동하고자 하는
강한 욕구를 가지고 있기 때문이다. 그러므로 '게으른 사람'이라
고 자신을 규정하면 게으르게 행동하게 되고, 결과적으로 게으른
사람이 된다. 마찬가지로 자신을 '부지런한 사람'으로 규정하면

게으름을 피우고 싶은 순간에도 부지런히 움직이게 되고 결과적으로 부지런한 사람이 된다.

이처럼 자신에 대한 믿음이 태도와 행동을 결정하고, 나아가 운명까지 결정하게 되는 것을 심리학에서는 자기규정 효과 self-definition effect 라고 한다.

내성적인 성격을 바꾸는 것이 왜 그렇게 어려울까? 스스로를 내성적인 사람으로 규정하기 때문이다. 일례로 어떤 젊은이가 자신을 내성적인 사람이라고 규정하게 되면, 다음과 같은 세 단계의 과정을 거치게 된다. 1단계: 나는 내성적인 사람이다. 2단계: 저기 마음에 드는 사람이 있다. 다가가 볼까? 아니, 안 돼. 내성적인 내가 어떻게 해? 3단계: 좋아하는 사람에게 말도 못 붙이고……. 그것 봐. 나는 내성적인 사람이 틀림없어. 그러면서 그는 평생 내성적인 사람으로 살아간다.

어제와 다른 내일을 살고 싶다면…

1863년 1월 1일 미국의 링컨 대통령은 노예해방 선언서에 서

명을 했다. 그런데 예상과 달리 많은 노예들은 자유를 찾아 떠나기보다 예전처럼 주인을 모시면서 노예로 살아가는 길을 선택했다. 그토록 갈구하던 자유가 주어졌는데도 노예들은 왜 자유를 택하지 않았을까? 독자 여러분은 이미 그 답을 찾아냈을 것이다.

나는 원래 '무뚝뚝한 사람이다'라고 규정하면 가족에게 친절하게 대하는 것은 평생 불가능하다. 친절하지 못한 것은 유전자 때문이 아니다. 성격 때문도 아니다. 자신을 '무뚝뚝한 사람'으로 규정했기 때문이다.

창의적인 사람과 그렇지 못한 사람을 구분해주는 가장 중요한 차이는 무엇일까? 평생 창의성 분야에 몸 바쳐온 로저 본 외흐의 연구 결과에 따르면 그것은 유전자도, 지능도, 학문적 배경도 아닌 바로 이것이었다. "창의적인 사람은 스스로를 창의적이라고 규정하고, 그렇지 않은 사람은 자신을 창의적이지 않다고 규정한다."

창의적인 사람이 되고 싶은가? 그렇다면 자신을 '시도 때도 없이 아이디어가 샘솟는 아이디어맨'이라고 규정하면 된다. 그러면 지하철 안에서도, 산책을 하다가도, 사우나에서도 문득 문득 아이디어가 떠오르게 된다. 친절한 아빠가 되고 싶은가? 그렇다면 '친절한 아빠'로 자신을 새롭게 규정하면 된다. 마찬가지로 아침형 인간이 되고 싶다면 '아침에 눈을 뜨면 벌떡 일어나는 사람'으로 규정하면 되고, 실행력이 뛰어난 사람이 되고 싶다면 '결심하면 반드시 실천하는 사람'이라고 규정하면 된다.

자신에 대한 믿음이 바뀌면 우리의 행동은 그 새로운 정체성 identity 을 뒷받침하기 위해 자동적으로 바뀌게 된다.

 왜 자신을 새롭게 규정해야 하는가?

- 자기규정은 우리의 태도와 행동 전반을 지배한다.
- 다르게 규정하면 다르게 생각하고 다르게 행동한다.
- 자기규정을 바꾸면 결과적으로 인생이 바뀌게 된다.

그런데 왜 많은 사람들은 어제와 다른 삶을 살고 싶다면서 자신을 다르게 규정하지 않는 것일까? 불만스럽기는 하지만 현재 상태가 주는 편안함을 포기하지 못하기 때문이다. 변화에 따르는 고통을 감수하고 대가를 치르고 싶지 않기 때문이다. 무엇보다 아직은 충분히 고통스럽지 않기 때문이다.

넓게 규정해야 큰일을 하게 된다

개인이건 기업이건 자신을 너무 편협하게 규정하면 혹독한 대가를 치르게 된다. 예컨대, 자신을 홍보담당자라는 한정된 역할로만 규정하고 일하는 사람은 자신을 더 넓게 규정하면서 일하는 사람보다 홍보실이 폐쇄될 때 해고 통지서를 받게 될 가능성이 더 높다.

같은 과목을 가르치더라도 자신에 대해 '지식을 전수하는 선생'이라고 규정했을 때와 '영감을 주고 꿈을 찾게 하는 스승'이라고 규정했을 때는 수업 준비 내용과 학생을 대하는 태도가 완전히 다르다. 만약 나 자신을 '학생들에게 심리학을 가르치는 교수'로만 규정했다면, 나는 이 책을 통해 여러분을 만날 수 없었을 것이다.

필름 제조라는 편협한 분야를 핵심사업으로 고집한 코닥은 도산한 반면, 후지필름은 '핵심 역량의 재정의를 통한 혁신'에 성공해서 2015년 사상 최대 수준인 1200억 엔의 순이익 달성을 기대하고 있다. 필름 생산의 주재료인 콜라겐과 사진 변색 방지에 사용되던 항산화 성분인 아스타키산틴을 활용하여 피부 재생과 노화 방지에 효과가 있는 화장품을 개발한 것이다.

스타벅스의 하워드 슐츠 회장은 자기가 하는 일을 커피를 파는 일로 규정하는 대신 고급 문화공간을 제공하는 비즈니스로 정의했다. 일본 신칸센 고속철 청소회사 텟세이는 자신들이 하는 일을 청소가 아니라 승객들에게 좋은 추억을 만들어주기 위한 토털서비스를 제공한다고 정의했다. 헤어케어 브랜드인 레드켄 대표 앤 민시는 미용실을 '신성한 공간'으로 규정하고 헤어스타일리스트를 고객을 치유하는 '힐러'라고 정의했다.

하버드 대학 경영학 교수 시어도어 레빗은 〈근시안적 마케팅〉이라는 논문에서 편협한 정의의 위험성을 다음과 같이 경고하고 있다. "철도회사들의 성장이 멈춘 것은 승객과 화물의 운송 수요가 감소했기 때문이 아니다. 그들은 스스로를 철도업체라고 제한해서 규정했기 때문이다."

갑자기 성장을 멈추거나 도산한 많은 기업들은 핵심사업을 재정의할 필요성을 인식하지 못했거나, 필요성이 분명해진 뒤에도 과감하게 행동하지 못한 것으로 나타났다.

성공하는 개인과 기업은 자신과 자신의 일을 남과 다르게 규정한다. 잠시 책 읽기를 중단하고, 스스로에게 자문해보라. 나는 어떤 사람인가? 내가 속한 기업은 무슨 일을 하는 조직인가?

제가 어떻게 책을 쓰겠습니까?

내 책을 읽고 많은 독자들이 이메일을 보내온다. 남다른 실험 정신을 가진 독자 한 분은 가족이나 고객을 대할 때 책 속의 내용을 적용해보고, 실천 결과를 가끔 메일로 알려준다. 어느 날 나는 그분에게 이런 제안을 했다. "제게 메일을 보내는 것으로 끝내지 말고, 나중에 정리해서 책을 한 권 써보면 어떨까요?" 그분의 답장은 이랬다. "그러면 좋겠지만 제가 어떻게 책을 쓰겠습니까?"

직접 해보지 않고는 그 누구도 자기 안에 어떤 재능이 숨어 있는지 알 수 없다. 그런데 왜 그분은 시도조차 해보지 않고 책을 쓸 수 없다고 한계를 그어버렸을까? 자신은 의식하지 못했겠지만 스스로를 '책을 쓸 수 없는 사람'으로 규정했기 때문이다. '내 주제에 무슨……', '나 같은 사람이 어떻게……' 이런 생각이 머릿속에 울타리를 치고 있기 때문이다.

나는 그분에게 자기규정 효과에 대해 설명하면서, 지금까지와는 다른 삶을 살기 위해 자신을 이전과 다르게 규정해보기를 권하는 답장을 보냈다. 그 후 그분은 어떻게 달라졌을까? 그분은 아래와 같은 요지의 답장을 보내왔다.

교수님의 메일을 받고 그동안 제 머릿속에 쳐져 있던 울타리를 걷어내고 저 자신을 '작가'라고 새롭게 규정했습니다. 그러자 정말 많은 것이 달라졌습니다. 만나는 사람도 달라지고, 자주 가는 곳도 달라지고, 방문하는 웹사이트도 달라졌습니다. 그리고 가족과 이웃을 대하는 태도도 달라졌습니다.

우리의 성장을 가로막는 가장 큰 장애물은 외부가 아니라 우리 내부에 있다. 우리의 견해 중 가장 중요한 견해는 자신에 대한 견해이고, 평가 중 가장 중요한 평가는 자신에 대한 평가다. 어떤 사람도 생각 이상으로 높은 곳에 오를 수는 없다. 그러므로 더 높은 곳에 오르고 싶다면 우리 자신을 더 높은 곳에 데려다 놓아야 한다.

지금까지와는 다른 사람이 되고 싶은가? 그렇다면 자신을 다르게 규정해야 한다. 머릿속의 울타리를 걷어내고 자기 안의 수용소를 탈출해야 한다. 자신에 대한 생각만큼 성취를 제한하는 것도 없으며, 자신에 대한 믿음만큼 가능성을 높여주는 것도 없다. 위대한 사람도 초라한 사람도 모두 자신에 대한 생각이 만들어낸다.

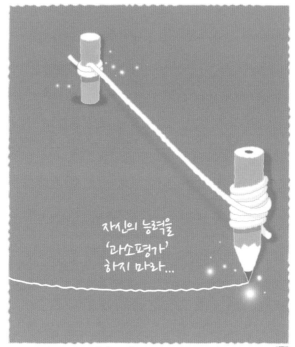

자신의 능력을 '과소평가' 하지 마라...

자신을 규정짓는 '끈'의 길이는 생각보다 더 길지 모른다...

01. 자기규정
자기 자신을 새롭게 규정하라!

자기규정이 달라지면 우리의 행동은 새로운 정체성(identity)을 뒷받침하기 위해 자동적으로 바뀌게 된다. 변화를 원한다면 자기 자신과 자기가 하는 일을 다르게 규정해야 한다. 실천달인이 되고 싶은가? '결심하면 반드시 실천하는 사람'이라고 자신을 새롭게 규정하라!

고졸 출신, 미래의 NGO 전문가를 꿈꾸다

주변에서 똑똑하고 일도 잘한다는 평을 받고 있다. 그러나 나는 이렇다 할 꿈도 없고 업무에 몰입하는 편도 아니었다. 왜 그럴까? 나 자신을 돌아보니 속으로 이렇게 중얼거릴 때가 많았음을 깨달았다. '고졸인 주제에 꿈은 무슨 꿈', '어차피 승진도 안 될 텐데 뭐', '시집이나 가야지'라고 말이다. "애벌레 속에는 훗날 그것이 나비가 될 거라고 말해줄 수 있는 그 무엇도 들어 있지 않다"는 버크민스터 풀러의 글을 읽고, 망치로 머리를 세게 맞은 것 같았다. 풀러가 나를 가리키면서 한 말이었다. 새로운 인생을 살려면 고졸 사원이라고 스스로 한계를 긋고 살면 안 되겠다고 생각했다. 돌이켜보니 세상의 벽은 내가 스스로 만든 것이었다. 내 안엔 나비가 있다. 지금까진 애벌레였지만 나도 조만간 나비로 변신하게 될 것이다. '고졸인 주제에 꿈은 무슨 꿈'이라는 생각에서 벗어나 '미래의 세계적인 NGO 전문가'로 나 자신을 새롭게 규정하고 대학 진학을 결심했다. 퇴근 후에 열심히 학원을 다녀서 지금은 산업체 직원들을 선발하는 야간대학에 당당히 입학하여 대학생이 되었다. 이번 여름에는 휴가를 내서 아프리카로 봉사활동을 가기로 했다. 나는 10년 후 세계적인 NGO 전문가가 되어 있을 것이다.

아~ 미치겠다! 나 정말 훌륭한 작가인데!

나도 한때 문학소녀였는데, 언제부터인가 부엌데기로 늙어가고 있었다. 이 울타리를 걷어내고 나 자신을 새롭게 규정하기로 했다. '나는 나이 마흔에 새로 글쓰기를 시작했지만 수많은 독자들에게 희망이 되고 위로가 되어주는 시인이고, 멋진 시화집으로 베스트셀러를 낼 작가다.' 이렇게 규정하니까 이런저런 생각이 내 안에서 소용돌이친다. '아~ 미치겠다! 진짠데, 나 정말 훌륭한 작가인데! 나 혼자 나를 알면 아까운데, 이걸 어쩌지? 기분이 우쭐해지고 뭐든 할 수 있을 것 같다. 정말 행복하다(솔직히 조금 쑥스럽다. 미친 거 아냐? 그래, 미쳤다. 미쳐야 미치니까).' 전철 안에서도 이런 생각을 한다. '아직 나를 알아보지 못하는 이 많은 사람들. 당신들은 지금 머지않아 베스트셀러 작가가 될 사람 옆에 서 계신 겁니다.' 오늘도 나는 벽에 다음과 같은 글을 써서 붙이고 열심히 글쓰기를 하고 있다. '브라질에 영혼을 노래하는 작가 파울로 코엘료가 있다면 한국에는 감성을 깨우는 작가 ○○○이 있다. 그의 글과 그림에는 영혼이 꿈틀댄다. 그는 바람처럼 자유로운 작가다.' 자신을 다르게 규정하는 것만으로 이렇게나 많은 것이 달라지다니! 글쓰기를 시작하면서 남편과 아이들을 대하는 태도도 달라졌다. TV를 보지 않고도 얼마든지 살 수 있다.

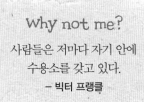

why not me?

사람들은 저마다 자기 안에
수용소를 갖고 있다.

– 빅터 프랭클

Q

다른 삶을 살고 싶다면 자기 자신을 다르게 규정해야 한다.

지금까지 나는 어떤 사람이었고, 지금부터 나는 어떤 사람인가?

A

지금까지 나는 _____ 사람이었다.

지금까지 나는 _____ 사람이었다.

지금까지 나는 _____ 사람이었다.

지금부터 나는 _____ 사람이다.

지금부터 나는 _____ 사람이다.

지금부터 나는 _____ 사람이다.

친구의 비웃는
표정 때문에…

살아야 할 이유를 아는 사람은
그 어떤 것도 견딜 수 있다.
– 니체

나름대로 자제력이 있다고 자신하는 편인데 습관이 되어 버린 담배만은 도무지 끊을 수가 없었습니다. "담배를 끊는 건 아주 쉽다. 난 이미 아주 여러 번 끊어봤기 때문이다"는 마크 트웨인의 말처럼 며칠씩 끊곤 했지만 다시 피우기를 반복하고 있었습니다. 폐암이 걱정됐지만 아직은 건강에 문제가 있는 것도 아니고 담배를 피우면 스트레스도 해소되고 아이디어도 더 많이 떠오르는 것 같아 담배를 끊지 못하고 있었습니다. 아이들 몰래 담배를 피우는 것이 부끄러운데도 오랫동안 담배를 끊을 수 없었습니다.

수도 없이 시도했지만 그때마다 실패했던 금연, 이젠 성공했습니다. 어떻게요? 정말 유치한 이유로 끊었습니다. 부부싸움 끝에 남편이 "담배도 못 끊는 주제에 뭔 말이 그렇게 많아! 세상 사람 모두가 담배를 끊어도 넌 절대로 못 끊어! 만약 당신이 담배를 끊으면 내 손에 장을 지진다." 그 말을 듣는 순간 오기가 발동해서 속으로 외쳤습니다. '오냐, 반드시 끊어서 당신이 손에 장을 지지게 해주마.' 그 후로도 담배 생각을 떨쳐버리기 힘들 때가 많았습니다. 하지만 남편이 했던 말을 떠올리면 도저히 담배를 피울 수가 없었습니다. 굴욕감만큼 사람을 동기화시키는 것도 없는 것 같습니다.

왜 자꾸 지각을 하지?

일찍 일어나면 참 좋은데 왜 사람들은 일찍 일어나지 못할까? 게을러서? 일찍 일어나는 게 얼마나 좋은지 몰라서? 정신을 못 차려서? 모두 아니다. 내 수업을 듣는 학생들 중에도 지각생들이 있다. 나는 종종 그들에게 묻는다. "자네, 자주 지각하는 것 같은데 왜지?"

"아무리 생각해도 저는 아침형 인간이 아닌 것 같아요."
"저는 저혈압이라 아침이 가장 힘들어요."
"어제 술을 너무 많이 마셨어요."
"버스가 늦게 온 데다 길이 너무 많이 막혀서요."

학생들은 오만 가지 핑계를 댄다. 그들의 대답을 다 듣고 난 후 나는 이렇게 말해준다. "여러분이 대는 이유는 모두 틀렸다. 여러분이 아침 일찍 일어나지 못하는 데는 딱 한 가지 이유가 있다. 그건 바로 일찍 일어나야 할 제대로 된 이유를 아직 찾아내지 못했기 때문이다. 천하에 없는 게으름뱅이도 꿈에 그리던 이성이 모닝콜을 부탁한다면? 알람 없이도 꼭두새벽부터 일어나서 설치게 된다."

정주영 회장은 생전에 이렇게 말했다. "나는 젊었을 적부터 새벽에 일찍 일어난다. 왜 일찍 일어나느냐 하면 그날 할 일이 즐거워서 기대와 흥분으로 마음이 설레기 때문이다. 아침에 일어날 때의 기분은 초등학교 때 소풍 가는 날 아침 가슴이 설레는 것과 꼭 같다." 또 새벽 3시면 벌떡 일어나 창문을 열어젖히고 이렇게 말했다고 한다. "해야 빨리 떠라. 제발 일하러 가자." 미국의 3대 대통령인 토머스 제퍼슨 역시 이렇게 말했다. "태양은 나를 침대에서 본 적이 없다." 영화감독 스티븐 스필버그도 이렇게 말했다. "매일 아침 오늘 할 일에 너무나 설레서 아침식사조차 제대로 할 수가 없다."

이들에게는 한 가지 공통점이 있다. 일찍 일어나야 할 이유를 갖고 있다는 것이다. 니체는 이렇게 말했다. "살아야 할 이유를 아는 사람은 그 어떤 것도 견딜 수 있다." 그렇다! 인간은 이유를 찾는 존재다. 해야 할 이유를 찾아내기만 하면 그 어떤 것도 실천할 수 있다. 변화를 원하면서도 아직 달라지지 않고 있는가? 그건 의지력의 문제가 아니다. 그것은 그대가 아직 달라져야 할 절실한 이유를 찾아내지 못했기 때문이다.

유치해도 좋다, 이유를 찾아내라

제대로 된 이유를 찾는다고 해서 반드시 그 이유가 고상해야 할 필요는 없다. 유치한 이유도 얼마든지 제대로 된 이유가 될 수 있다. 어느 인기 프로 마술사는 마술을 시작하게 된 동기를 이렇게 말했다. "그저 여자들에게 인기를 얻고 싶어 저만의 취미를 찾았던 것이 제 마술의 시작이었습니다."

대학 재학 중에 사법고시, 외무고시, 행정고시에 모두 합격한 어느 정치가 역시 공부를 열심히 하게 된 이유에 대해 이렇게 말했다. "외모 콤플렉스가 심했습니다. 미팅 나가면 머리는 크고, 키는 작고, 얼굴은 볼품없다고 모두 거절당했습니다. 그래서 처음에는 여자들에게 무시당하지 않으려고 공부했습니다. 실제로 고시에 합격하니 여자들의 태도는 생각보다 훨씬 더 환상적이었습니다."

성공한 남자들을 만나보면 '그 여자를 내 여자로 만들기 위해서……', '나를 배신한 그 여자가 후회하고 배 아프게 만들기 위해서……' 등의 정말 뻔하고 유치한 이유로 이를 악물고 노력해서 성공했다고 말하는 경우도 많다. 유치한 이유도 결과적으로 좋은 이유가 될 수 있다. 피카소 역시 예술의 시작은 여자 때문이라고 하지 않았는가?

어느 날 칼로 무를 자르듯 담배를 뚝 끊어버리는 사람이 있다. 친구들은 그를 독한 사람이라고 한다. 하지만 알고 보면 그 사람은 독해서가 아니라 담배를 끊어야 할 자기만의 이유를 찾아냈을 뿐이다. 서두에 소개한 여성 역시 남편으로부터 모욕을 당한 후, 남편의 말이 틀렸다는 것을 증명하기 위해, 그녀의 말대로 정말 유치한 이유로 금연에 성공했다.

변화를 원하면서도 제대로 실천하지 못하고 있다면 아직 제대로 된 이유를 찾아내지 못했기 때문이다. 정말로 달라지고 싶다면, '해도 좋고 안 해도 그만'인 그런 어정쩡한 이유가 아니라, 유치해도 좋으니 절박한 이유, 어떻게 해서든 실천할 수밖에 없는 제대로 된 이유를 찾아내면 된다.

그냥 요청하면 안 된다

용돈 올려주면 참 좋은데 왜 엄마는 용돈을 올려주지 않는 것일까? 돈이 없어서? 원래 인색해서? 자식들을 이해하지 못해서? 모두 아니다. 엄마가 용돈을 올려줘야 할 이유를 제공하지 않았기 때문이다.

나, 괜찮은 사람인데 그녀는 왜 나를 좋아하지 않을까? 키가 작아서? 돈이 없어서? 명문대 출신이 아니라서? 모두 틀렸다. 그녀가 나를 선택할 수밖에 없는 이유를 아직 제공하지 못했기 때문이다.

"아빠, 저도 스마트폰으로 바꿔주시면 안 돼요?" 스마트폰이 한창 유행하기 시작할 무렵 저녁식사 자리에서 대학생 딸아이가 내게 부탁했다. "안 돼!" 나는 일언지하에 거절했고, 딸은 그 이유를 물었다.

"아빠는 이 세상에서 우리 딸을 가장 사랑하기 때문에 스마트폰 하나 바꿔주는 것은 그리 어려운 일이 아니야. 하지만 너는 아빠가 너에게 스마트폰을 사줘야 하는 이유를 제공하지 않았어. 부탁을 하면서 아무런 이유도 이야기하지 않는데, 부모라는 이유만으로 스마트폰으로 덜렁 바꿔준다면 우리 딸의 앞날이 어떻게 전개될지 아빠는 잘 안다. 그러니 정말 스마트폰이 필요하고 갖고 싶다면 아빠가 기꺼이 사주고 싶도록 이유를 먼저 제공해야 하지 않을까?"

다음 날 새벽, 딸아이는 내게 이메일을 보내왔다. 자그마치 A4 용지 다섯 장 분량이었다. '스마트폰 소유의 타당한 이유와 그로 인해 생길 긍정적 파급효과'라는 제목에 번호까지 붙여가며 적은 내용은 다음과 같았다.

1. 들어가기에 앞서 - 스마트폰이란?
2. 스마트폰 이용 시 걱정될 수 있는 사항들
3. 앞의 우려 사항들의 발생 방지를 위한 대비책
4. 그렇다면 어떤 앱을 다운받고 어떻게 사용할 것인가?
5. 이 글을 마치며

나는 다음 날 바로 스마트폰을 구입해주었다. 그 긴 글의 메일을 통해 바꿔줘도 되겠다는 이유를 찾아냈기 때문이다. 딸은 글의 맨 마지막에 이런 문장을 덧붙였다. '이 세상에서 아빠를 가장 사랑하는 아빠의 딸 ○○ 올림.' 사실은 이 문장 하나만으로도 충분한 이유가 제공된 것이다.

그대는 왜 승진 심사에서 탈락했을까? 오만 가지 이유가 떠오를 것이다. 하지만 곰곰이 생각해보자. 인사권자에게 자신을 승진시켜야만 하는 제대로 된 이유를 제공했는가? 제공했다면, 그 이유가 인사권자의 입장에서 충분히 납득할 만한 것인가? 아니라는 것을 인정한다면 지금부터 해야 할 일도 찾아낼 수 있을 것이다.

제대로 된 이유를 찾아내는 것은 우리 자신의 행동을 변화시킬 때뿐 아니라, 다른 사람의 태도를 바꿀 때도 정말 중요하다. 우리가 어디서 무슨 일을 하건, 행복하고 성공적인 삶을 살고 싶다면 반드시 사람들의 협조를 얻어야 한다. 그러려면 먼저 도움을 요청해야 한다. 데이트를 신청할 때건, 추천서를 요청할 때건, 입사 지원을 할 때건 그냥 요청하면 안 된다. 그들이 기꺼이 그렇게 행동하고 싶은 이유를 제공해야 한다. 상대방의 입장에서 제대로 된 이유를 제공해야 한다.

 왜 이유를 찾아야 하는가?

- 인간은 이유가 있어야 움직이는 존재다.
- 이유를 찾게 되면 강력한 동기가 유발된다.
- 누군가를 설득할 때도 그에 상응하는 이유를 제공해야 한다.

배를 만들고 싶은가?
그들로 하여금 바다를 동경케 하라

리더로서 변화와 개혁을 바라는가? 직원들로 하여금 성과를 내게 하고 싶은가? 그렇다면 일방적으로 지시하거나 명령하지 마라. 대신 그들이 절실하게 이루고 싶은 꿈을 찾게 도와줘라. 그리고 변화와 개혁이 그들의 꿈과 어떻게 관련되는지 그 연결고리를 찾아내게 하라. 그러면 직원들은 성과를 낼 수 있는 방법을 스스로 찾아낼 것이다.

《어린 왕자》의 저자 생텍쥐페리는 이렇게 말했다. "배를 만들고 싶은가? 그렇다면 사람들에게 일을 분담시키지 마라. 대신 그들로 하여금 바다를 동경케 하라." 그렇다. 배를 만들라고 사람들에게 강요할 필요가 없다. 바다가 얼마나 아름다운지를 알려주기만 하면, 사람들은 스스로 나무를 베서 대패질을 하고 페인트칠을 해서 배를 만들어낼 것이다.

그대가 리더라면 아무리 바빠도 일주일에 1시간씩은 따로 빼라. 전화기도 끄고 혼자만의 장소에서 직원들이 동경할 수 있는 바다에 대해 생각할 시간을 가져보라. 누군가를 변화시키려면 그들이 스스로 달라지고 싶은 마음이 들도록 개인적인 욕망을 자극해야 한다. 인간은 지구상에서 가장 이기적인 DNA를 가진 존재다. 그러므로 개인적 욕망과 접점을 찾지 못하는 조직의 목표는 결코 성공적으로 달성될 수 없다.

아이들에게 편식하지 말라거나 일찍 자라고 지시하기보다는 왜 그래야 하는지 이유를 설명하면 훨씬 더 좋은 결과를 얻을 수 있다. 아랫사람에게 '하라면 해!'라고 명령하기보다 그 일을 해야 할 이유를 제공하면 훨씬 더 의욕적으로 일하게 된다. 일찍이 알베르 카뮈가 말했듯이 "인간은 이유 없이 살 수 없는 존재"이며, 이유 없이 설득되지 않기 때문이다.

충분히 이유를 제공했는데도 상대방이 그대가 원하는 대로 행동하지 않는가? 그렇다면 그것은 그대가 아직 상대에게 제대로 된 이유를 제공하지 못했기 때문이다.

이유 없는
삶은 없지만

이유를
'망각'하고 사는
삶은 있다...

이유를 자각해야 하는 중요한 '이유'이다...

02. 이유찾기
변화할 수밖에 없는 이유를 찾아내라!

인간은 이유를 찾는 존재다. 변화를 원하면서도 아직 달라지지 않고 있다면 그건 의지력의 문제가 아니다. 변화에 따르는 고통과 치러야 할 대가를 기꺼이 감수할 수 있는 이유를 아직 찾아내지 못했기 때문이다. 달라지고 싶은가? 기꺼이 달라지고 싶은 이유를 찾아내라!

동창생의 비웃는 표정과 비아냥거리는 말투 때문에…

"너 화장품 파는구나? 학교 다닐 땐 공부도 잘하고 똑똑했는데. 그런 일 말고 좀 괜찮은 일을 해보지 그러니?" 얼마나 부끄러웠던지, 길을 걸을 때도, 밥을 먹을 때도, 잠을 자다가도 그 친구의 눈빛과 표정, 말투가 문득 문득 떠올랐습니다. 그럴 때마나 너무 속이 상하고 화가 났습니다. 하지만 어느 날 문득 그 친구는 까맣게 잊고 있을 일로 나만 부글부글 속을 끓이고 있다면, 그건 그 친구가 내 소중한 인생을 좌지우지하도록 허락하는 것과 같다는 생각이 들었습니다. 친구에 대한 최고의 복수는 그가 틀렸음을 증명하는 것이라 생각했습니다. 반드시 성공해야 할 이유를 찾아낸 것입니다. 그날부터 책을 읽고, 강의를 찾아다니며 듣고, 최고의 성과를 내는 사람들을 만나면서 화장품과 마케팅에 대한 공부를 누구보다 열심히 했습니다. 지금은 팀에서 가장 많은 수입을 올리는 직원이 되었습니다. 그리고 또한 가지가 있습니다. 마케팅을 체계적으로 공부하기 위해 야간에 공부하는 마케팅 대학원에 입학했습니다. 앞으로 10년 안에, 그저 평범한 주부로만 지내고 있는 그 친구는 나를 엄청 부러워하게 될 것입니다. 돌이켜보니, 자신을 동기화시키는 데 굴욕감보다 더 큰 에너지는 없는 것 같습니다.

끔찍한 미래로 미리 가보니…

고시공부를 한다는 놈이 틈만 나면 스마트폰에서 손을 놓지 못하고 있다. 인터넷으로 뉴스를 보려고, 심심해서, 외로워서, 스트레스를 풀기 위해…… 핑계는 수도 없이 많다. 몇 분에 한 번씩 휴대전화를 확인하는 나를 볼 때면 한심하다 못해 불쌍하게 느껴졌다. 그래서 이대로 계속 살 때, 10년 후의 끔찍한 내 모습을 상상해보기로 했다. 10년 후면 나는 서른여섯 살이다. 고시에 계속 떨어졌고, 이번에도 절대 합격할 수 없는 점수가 나왔다. 착잡한 마음은 이루 말할 수 없다. 좁은 고시원의 작디작은 창문으로 하늘을 바라본다. 엄마가 시험 당일 아침밥을 해주시고 시험장까지 바래다주셨는데, 뒤돌아보니 그 자리에 서서 한없이 눈물을 흘리고 계신다. 너무 가슴이 아팠다. 그런데 또 불합격이었다. 이게 다 20대 때 정신 못 차리고 그날그날 유혹에 휘둘리면서 살았기 때문이다. 점심때 어머니가 밥을 차려주셨는데, 서른여섯 살에 밥을 얻어먹는다고 생각하니 한없이 죄송한 마음이 든다. 밥 먹는 내내 고개를 떨구었다. 밥을 먹다 말고 화장실에 가서 한참을 울었다. 그리고 다시 현재로 돌아왔다. 이젠 휴대전화 없이 공부에 몰두할 수 있을 것 같다. 이유를 찾아냈기 때문이다.

Why not me?

사람들은 원하는 일을 할 수 없는
수천 가지 이유를 찾지만, 정작 그들에겐 그 일을 할 수 있는
딱 한 가지 이유만 있으면 된다.

– 월리스 R. 휘트니

Q

반드시 실천하고 싶은 결심 한 가지를 찾아보라.

그동안 결심을 미루게 만든 오만 가지 핑계를 무력화시킬 수 있는 이유, 그
결심을 실천할 수밖에 없도록 만들 제대로 된 이유는 무엇인가?

A

결심 한 가지 :

실천할 수밖에 없는 이유 :

로드맵 덕분에
술을 끊었어요!

어디를 가는지 모르면
아무 길이나 당신을 데려갈 것이다.
- 코란

참 열심히 살았습니다. 교사라는 직업을 좋아했고 보람을 느낀 적도 많았습니다. 하지만 시간이 지나면서 점차 나태해지고 무기력해졌습니다. 몇 년 전부터 노안이 시작되고 불면증에 시달릴 때도 많고, 아이들을 가르치는 것도 재미가 없고, 빨리 은퇴해서 편히 쉬어야겠다는 생각만 하고 지냈습니다. 은퇴하면 연금을 받으며 기본적인 생활을 할 수는 있겠지만 노후가 불안했습니다. 나이 오십이 되면서 초라하게 늙어가는 제 모습을 바라보며 가족뿐아니라 학생들에게도 짜증을 내는 일이 점점 많아지고 있었습니다.

교직 경력 25년, 52세. 처음으로 제 인생에 대해 진지하게 생각해봤습니다. 인생 로드맵을 그리면서, 그동안 열심히는 살았지만 꿈도 목표도 없이 그냥 열심히만 살았다는 생각이들자 저도 모르게 눈물이 났습니다. 나 자신에게 미안함마저 들었습니다. 지금 시작해도 늦지 않은 나이라고 생각하고 10년 후 은퇴하면그동안의 경험을 살려 '부모 교육 아카데미'를 운영한다는 인생목표를 세웠습니다. 목표가 생기자 모든 것이 달라졌습니다. 교실에 들어서면 마치 처음 교사 발령을 받았을 때처럼 열정이 샘솟고 학생들이더욱 사랑스럽게 느껴집니다. 만나는 사람과 자주 가는 곳, 읽어보는기사 모두 부모 교육 쪽으로 쏠리고 있습니다.

"어느 쪽으로 가야 할지 가르쳐주실래요?"

앨리스가 물었다.

"그건 네가 어디를 가고 싶으냐에 따라 다르지."

고양이가 대답했다.

"어디든 상관없는데……."

앨리스가 말했다.

"그렇다면 어느 쪽으로 갈지도 중요하지 않겠네."

고양이가 말했다.

— 루이스 캐럴의 《이상한 나라의 앨리스》 중에서

내 삶의 내비게이션, 인생 로드맵

'나는 왜 이렇게밖에 살 수 없는 것일까?' '이것이 내 인생이란 말인가?' 최선을 다해 열심히 살았지만, 자기 삶에 만족하지 못하는 사람이 많다. 그들에게는 한 가지 공통점이 있다. 의미 있는 목표도 없이, 일에 대한 철학도 없이 그냥 열심히만 살았다는 것이다.

내비게이션이 없던 시절, 운전을 하다 길을 잃으면 길가에 차를 세우고 지도를 한참 들여다본 후, 머릿속에 주행 경로를 그리면서 다시 찾아가곤 했다. 지금은 내비게이션이 주행 경로뿐 아니라 실시간 교통 상황까지 고려해서 소요 시간을 계산해준다. 실수로 길을 잘못 들어섰더라도 걱정할 필요가 없다. 내비게이션이 스스로 알아서 경로를 다시 탐색해주기 때문이다. 우리의 삶에도 내비게이션이 필요하다. 그것은 바로 인생목표와 달성 경로가 포함된 인생 로드맵이다.

세계적인 매니지먼트 그룹인 IMG 설립자 마크 매코맥은《하버드 MBA에서도 가르쳐주지 않는 것들》이라는 책에서 명확한 목표를 가지고 사는 것이 우리의 삶에서 얼마나 막강한 위력을 발휘하는지에 대해 다음과 같이 소개하고 있다. 1979년 하버드 대학 경영대학원 졸업생들에게 '명확한 장래 목표를 설정하고 기록한 다음 그것을 성취하기 위한 계획을 세웠는가?'라는 질문을 했더니 졸업생의 3%만이 목표와 계획을 세우고 기록해둔 것으로 밝혀졌다. 그로부터 10년 후인 1989년에 연구자들은 그들을 다시 인터뷰했다. 놀랍게도 명확한 목표를 적었던 3%의 졸업생은 나머지 97%의 졸업생보다 평균 10배의 수입을 올리고 있었다고 한다.

사람들이 삶에 만족하지 못하는 이유는 그들이 재능이 없거나 열심히 살지 않아서가 아니다. 그보다는 '살다 보면 어떻게 되겠지' 하면서 목표 없이 그냥 되는 대로 열심히만 살았기 때문인 경우가 훨씬 더 많다. 자신의 삶을 돌아보면서 '이게 아니다' 싶으면 무엇보다 먼저 자신이 가고자 하는 목적지를 다시 한 번 점검해야 한다. 정처 없이 가다 보면 엉뚱한 곳에 도달하기 때문이다.

몇 살까지 살 수 있을 것 같은가?

얼마 전 고려대학교 통계학과 박유성 교수팀은 통계청 자료를 기반으로 의학의 발달까지 감안한 신개념 기대수명을 계산한 결과를 발표했다. 연구 결과에 따르면 1971년생 남성은 현재 살아 있는 사람의 절반(47.3%)가량이 94세 생일상을 받고, 같은 해 태어난 여성은 더 높은 비율(48.9%)로 96세 생일상을 받을 것으로 나타났다. 그러므로 1980년 이후에 태어난 사람은 100세 넘게 살 가능성이 다분하다. 말 그대로 100세 시대라고 할 수 있다. 그대는 지금 몇 살이고, 100세 시대를 가정할 때 앞으로 몇 년 정도 더 살 수 있을 것 같은가? 죽기 전에 이루고 싶은 꿈은 무엇이고, 그 꿈을 이루기 위해 지금부터 해야 할 일은 무엇인가?

원하는 것을 얻는 첫 번째 단계는 원하는 것을 정하는 것이다. 목표를 알고 있다면 현재 위치에서 목표에 이르기까지의 타임라인을 긋기가 훨씬 쉬워진다. 이러한 타임라인을 상상해보면 지름길도 찾아낼 수 있을 테고, 목표 달성 과정에서 겪게 되는 시행착오도 현저하게 줄일 수 있다. 여행을 갈 때 지도를 챙겨가는 것처럼 인생을 살아갈 때는 인생 로드맵을 갖고 살아가야 한다. 인생 로드맵을 그려보는 것은 목표를 가지고, 방황하지 않는 삶을 살아갈 수 있는 가장 효과적인 방법이다. 인생 로드맵을 그리는 과정은 다음과 같다.

첫째, 이루고 싶은 꿈(인생목표)과 나이를 적고, 이미 꿈을 이룬 사람을 찾아본다.

둘째, 그 꿈을 이루기 위해 거쳐야 하는 징검다리(중간) 목표들을 나이와 함께 기입한다.

셋째, 액션플랜을 세우고, 당장 할 수 있는 작은 일 한 가지를 실천한다.

로드맵을 그릴 때는 내가 원하는 꿈을 이미 이룬 사람들, 즉 벤치마킹할 사람들을 찾아보자. 그들이 걸어온 경로를 참고해서 나만의 지름길을 찾아내자. 한 번에 완벽하게 그리려고 애쓸 필요는 없다. 생각이 바뀌면 얼마든지 다시 고쳐 그릴 수 있으므로 처음에는 가벼운 마음으로 대강 그리면 된다. 이 책에서 제시한 샘플을 참고해서 그려도 좋고, 자기만의 방식으로 자유롭게 그려도 상관없다.

미국 독립선언문의 기초를 작성한 벤저민 프랭클린은 자신의 성공 비결을 이렇게 말했다. "나는 매일 아침 '내가 할 수 있는 일이 뭘까?' 하고 생각하면서 하루를 시작한다. 그리고 저녁에는 '내가 그것을 했는가?'를 자문하면서 하루를 마무리한다." 그는 라틴어 학교 2학년까지 다닌 것이 정규 교육의 전부지만, 독학으로 피뢰침과 복초점 렌즈를 발명했고, 전기학·열역학·기상학 분야에서 남다른 공로를 세웠으며, 엄청난 부와 성공도 이루었다.

인생 로드맵을 곁에 두고 매일 아침 그날 해야 할 일을 떠올리면서 하루를 시작하자. 저녁에는 그 일을 제대로 했는지 자문하면서 하루를 마무리하자. 그러다 보면 어느 날 문득 스스로도 놀랄 만한 일을 해낸 자신을 발견하게 될 것이다. 티베트의 위대한 정신적 지도자인 지그미 키엔체 린포체는 이렇게 말했다. "길을 바꾸는 가장 빠른 방법은 목적지를 바꾸는 것이다."

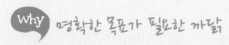

경로 우대, 집어치우고 꿈을 찾아 다시 뜁시다

어느 날 나에게 조언을 받고 싶다는 66세 독자의 전화를 받았다. 당시 수업에 들어가기 직전이라 하고 싶은 이야기를 이메일로 보내주시면 나중에 답장을 보내겠다고 했다. 그러자 그분은 이메일을 써본 적이 없다고 했다. 그래서 나는 이메일 사용법부터 배워보라고 권했고, 그분은 정확히 일주일 후에 태어나서 처음으로 독수리 타법으로 몇 시간에 걸쳐 작성했다면서 다음과 같은 요지의 메일을 보내왔다.

저는 올해로 경로 우대를 받게 된 사람입니다. 지난 65년 동안 정말 열심히 살았습니다. 그런데 저 자신과 세상을 위해서 뭔가 의미 있는 일을 해본 적은 없는 것 같아 후회가 됩니다. 벌써 죽을 날만 받아놓고 사는 노인은 되고 싶지 않습니다. 이 나이에 제가 무엇을 할 수 있을까요?

나는 그분에게 죽기 전에 반드시 달성하고 싶은 인생목표 한 가지를 설정하고, 역산 스케줄링으로 그 목표를 달성하기 위해 거쳐야 할 징검다리 목표들을 찾아내서 인생 로드맵을 그려보라고 제안했다. 그분은 로드맵과 함께 자신의 각오를 밝힌 긴 메일을 보내왔다.

올해 66세. 법적으로 경로 우대를 받게 되었습니다. 그보다 더 분명한 사실은 살아온 날보다 살아갈 날이 적다는 것이고, 죽을 날도 머지않은 나이라는 겁니다. 이래봬도 초등학교 시절엔 대통령을 꿈꾸기도 했었습니다. 그러다가 중학교 때는 판사를, 20대에는 막연하게 돈을 많이 벌어 부자가 되겠다고 생각했고, 30대가 되어 결혼을 하면서는 적어도 처자식 굶기는 일은 없어야 한다는 생각으로 살았고, 40~50대에는 삼남매 모두 대학은 졸업시켜야겠다는 생각으로 열심히 살았습니다. 이렇게 생활에 쫓기다 보니 꿈은 점점 쪼그라들어 제게 꿈이 있었다는 사실조차 까마득히 잊어버렸습니다. 새로운 꿈은 꾸지도 못한 채 말이죠. 그러

66세 은퇴자의 인생 로드맵

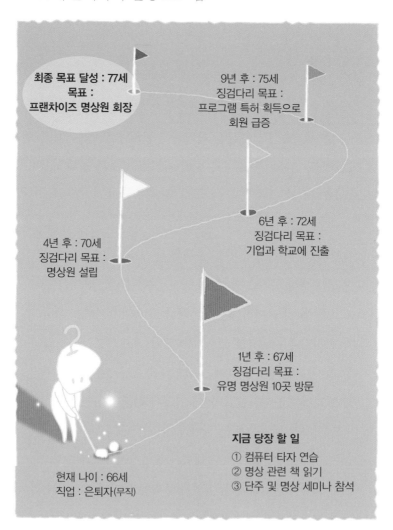

최종 목표 달성 : 77세
목표 :
프랜차이즈 명상원 회장

9년 후 : 75세
징검다리 목표 :
프로그램 특허 획득으로
회원 급증

6년 후 : 72세
징검다리 목표 :
기업과 학교에 진출

4년 후 : 70세
징검다리 목표 :
명상원 설립

1년 후 : 67세
징검다리 목표 :
유명 명상원 10곳 방문

지금 당장 할 일
① 컴퓨터 타자 연습
② 명상 관련 책 읽기
③ 단주 및 명상 세미나 참석

현재 나이 : 66세
직업 : 은퇴자(무직)

다가 '아니 벌써 인생의 황혼? 안 돼! 안 되고말고! 다시 한 번 해봐야 돼!'라고 생각했고, 다시 한 번 나의 꿈을 이룰 수 있는 방법을 찾았습니다. 얼마 남지 않은 인생인 것 같지만 통계로 보면 저는 짧게는 20년에서, 길게는 30년은 더 살 수 있는 나이입니다. 생각이 여기에 미치자 해야 할 일이 마구마구 머릿속에서 떠오르기 시작했습니다. 20년 동안 할 수 있는 일이 얼마나 많은지, 제가 계획했던 일을 이루었을 때 파생될 여러 가지 즐거움을 상상하면서 가슴이 두근두근 뛰었습니다. '새로 시작하기에 너무 늦은 때란 없다.' 저는 감히 65세 이상의 사람들에게 외치고 싶습니다. 경로 우대 따위는 집어치우고, 죽을 준비도 집어치우고, 우리가 잃어버린 꿈을 다시 찾아 힘차게 뜁시다! 젊은이들이여, 나이 들어 저처럼 늦게 시작하지 말고 여러분의 꿈을 이루기 위하여 지금 시작하십시오! 저는 반드시 5년 후에 책을 한 권 쓰고 10년 후에는 최고의 명상원을 설립할 것입니다.

물론 하루하루가 힘들고 벅찬 현대인에게 장기적인 목표를 세우는 것은 쉬운 일이 아니다. 무엇보다 인생목표를 정하려면 수십 년 후의 미래를 생각해야 하는데 그것이 생각처럼 쉽지가 않다. 또 목표를 정했다 해도 달성 과정에서 많은 시간과 에너지를 투자해야 하며 고통을 감수해야 한다. 목표를 달성하지 못할까 봐 겁이 날 수 있다. 그래서 인생 로드맵 그리기가 스트레스로 작용할 수도 있다.

하지만 어디로 가야 할지 모른다면 결국 가고 싶지 않은 곳으로 가게 된다. 엉뚱한 곳으로 가고 싶지 않다면 목적지를 정하고 길을 떠나야 한다. 목표가 만들어지면 모든 것이 달라진다. 만나고 생각하는 사람이 달라진다. 자주 가는 곳도 달라지고, 방문하는 웹사이트나 즐겨보는 방송과 신문기사도 달라진다. 목표는 사람이 만들지만 일단 목표가 만들어지면 목표가 사람을 이끌기 때문이다.

온 힘을 쏟아
'비상'하는 게
먼저가 아니다...

사전에 '목적지'를 설정하는 게 우선이다...

03. 인생목표
장기적인 관점에서 로드맵을 그려보라!

목표가 만들어지면 모든 것이 달라진다. 만나는 사람도 달라지고, 자주 가는 곳도
달라진다. 길을 바꾸는 가장 좋은 방법은 목적지를 바꾸는 것이고, 행동을 바꾸는
가장 빠른 방법은 인생 로드맵을 그려보는 것이다. 인생목표를 설정하고 로드맵
을 그려보라!

CEO를 꿈꾸는 29세 헤어스타일리스트

지금 29세, 지금까지 나는 너무 막연하게 살아왔다. '살다 보면 언젠가 좋은 날이 오겠지' 하면서 꿈도 목표도 없이 무책임하게 살아왔다. 로드맵을 그리려고 하니 처음에는 손이 떨어지지가 않았다. 목표 없이 하루하루 살아왔기 때문이다. 그런데 꿈을 찾아 로드맵을 그리면서 징검다리 목표들을 찾다 보니 갑자기 해야 할 일들이 내 앞에 줄을 섰다. 생각을 끄집어내 종이에 그려보니 생각만 하던 것과 확연한 차이가 드러났다. 목표가 명확해지니, 제일 먼저 건강관리를 잘해야겠다는 생각부터 들었다. 살을 빼고 커피를 줄이는 대신 물을 더 많이 마시고…… 뿐만 아니라 고객 한 명 한 명을 대하는 태도도 달라졌다. Why? 나는 평생 종업원으로 살 사람이 아니라 미용 사업과 건강관리를 함께 하는 힐링센터 CEO가 될 사람이니까! 목표가 생기면 목표가 사람을 이끈다는 말이 실감났다. 정말 만나고 생각하는 사람도 달라지고, 가고 싶은 곳도 달라졌다. 즐겨보는 TV프로와 인터넷이나 신문기사도 달라졌다. 친구들과 수다를 떠는 대신 비달 사순 같은 세계적인 헤어스타일리스트이면서 사업가가 된 사람들에 대한 자료를 찾아보는 시간이 늘어났다. 불금을 즐기기 위해 홍대 앞을 찾는 대신 서점에서 책을 뒤적이고 있는 나 자신을 발견한다.

인생 로드맵으로 술을 끊었어요!

나는 그동안 술 때문에 너무 많은 사람을 괴롭혔다. 미래로 미리 가보니 죽을 때 '저 인간 죽으니까 속이 다 시원하다'고 말할 사람들이 떠올랐다. 그렇게 죽으면 안 될 것 같다. 인간답게 살다가 죽고 싶다. 그동안 술을 워낙 많이 먹어 오래 살지는 못할 것이다. 내 나이 마흔이니 지금 술을 끊어도 많이 살아야 70세 정도가 되지 않을까? 그래도 아직 30년이나 남았다. 책에 나온 인생 로드맵 부분을 읽으면서 죽기 전에 꼭 이루고 싶은 꿈을 찾아냈다. 지금부터 내 경험을 책으로 써서 다른 알코올 중독 환자들이 나처럼 쓰레기 같은 인생을 살지 않도록 도와주고 싶다. 지금부터 10년 후에 책을 출판하기로 목표를 정하고 인생 로드맵을 그리고 나니 지금까지와는 다른 세상이 보이기 시작한다. 인터넷에서 알코올 중독에서 벗어난 사례나 금주 방법과 관련된 자료를 찾아보게 된다. 어제는 병원에 입원까지 했던 알코올 중독 환자가 중독 예방법에 대해 쓴 책을 찾아냈다. 이 환자는 신부였다. 신부님도 알코올 중독 환자였다니 위로가 되었다. 목표는 사람이 만들지만 일단 목표가 만들어지면 목표가 사람을 이끈다는 말, 정말 실감하고 있다. 의미 있는 목표가 만들어지니까 술에 대한 집착도 남의 일이 되었다.

why not me?

목표를 설정할 때 성공은 이미 시작된다.
목표를 설정하는 순간 스위치가 켜지고 물이 흐르기 시작하고
성취하려는 힘은 현실이 된다.
– 린 데이비스

Q

죽기 전에 반드시 이루고 싶은 나의 꿈, 인생목표는 무엇이며, 그것을 이루기
위해 거쳐야 하는 징검다리 목표들은 무엇인가?

A

인생목표 :

징검다리 목표 :

1.

2.

3.

4.

인생 로드맵 그리기

● 로드맵에 꼭 들어가야 할 것 1. 현재 상태 2. 최종 목표 3. 징검다리 목표
● 목표 달성을 위해 지금 당장 해야 할 일 적기

하루 종일
매상 올릴 방법을
찾다 보니…

장애물이란
당신이 목표에서 눈을 뗐을 때 나타나는 것이다.
– 헨리 포드

취업 정보를 얻기 위해 인터넷에 들어가다 보면 어느새 인터넷 포털사이트에서 이런저런 기사들을 보게 됩니다. 궁금한 마음에 기사를 읽게 되고 그에 대한 댓글도 읽어봅니다. 그러다가 또 다른 기사를 읽고, 그러다 보면 인기 동영상이나 유머 코너, 웹툰 등도 보면서 시간을 보냅니다. 졸업한 지 2년이나 되어 취업 준비에 몰두해야 하는데 인터넷에 빠져 날마다 이렇게 많은 시간을 낭비하는 저 자신이 너무 한심합니다.

인터넷을 켜면 가장 먼저 열리는 페이지가 포털사이트인 게 문제였습니다. 그래서 웹서핑 시간을 줄이고 취업 준비에 전념하기 위해 컴퓨터 바탕화면에 제가 취업하고 싶은 회사의 로고를 깔고, 그 회사 홈페이지를 인터넷 기본 페이지로 설정했습니다. 그리고 공부하기 힘들 때는 한밤중에도 그 회사의 빌딩을 찾아가서 매일 이곳으로 출근하는 저를 상상했습니다. 그 회사는 글로벌 기업이라 높은 수준의 영어 실력이 필요합니다. 생각도 영어로 하기 위해 'Think in English!'라는 예약 문자를 주기적으로 제게 보냈습니다. 1년 내내 그 회사에 대한 생각만 하고 준비했는데 드디어 서류전형에 합격하고 면접을 보라는 통지를 받았습니다.

생각의 끈을 놓지 마라

"교수님, 저는 훌륭한 심리치료자가 되는 게 목표입니다. 그런데 솔직히 매일 목표만을 생각하고 살지는 못해요. 그때그때 해야 할 일이 많거든요. 목표에서 눈을 떼지 않으려면 어떻게 하는 것이 좋을까요?"

"그래? 오늘은 무슨 일을 할 건데?"

"오늘이요? 오늘은 수업 끝나고 여자친구와 영화 보러 가려고요."

"그렇다면 영화를 즐겨. 그리고 영화를 보면서 훌륭한 심리치료자가 되기 위해서 그 영화를 어떻게 활용할지 생각해보는 거야, 어때?"

부자가 되려면 어떻게 해야 할까? 돈 버는 방법에 대한 생각의 끈을 놓지 않는 것이다. 심리학자 리처드 칼슨은 돈 버는 방법에 대해 생각하는 시간이 많은 사람일수록 높은 소득을 올린다는 사실을 상담을 통해 확인했다. 실제로 몇 년 전에 우리나라의 조사 결과에서도, 큰 부자들은 하루 24시간 중 17시간 정도를 부자의 관점에서 돈과 관련된 생각을 하면서 생활하는 것으로 밝혀졌다. 하지만 보통 사람들은 1시간 정도만 그렇게 한다.

록펠러 재단의 설립자 록펠러는 직원들에게 이런 말을 자주 했다. "정신없이 일하는 대신 가끔 넥타이를 풀고 책상에 편히 발을 올리고 이렇게 자문하라. 더 많은 돈을 벌기 위해 내가 할 수 있는 일은 무엇인가?" 부자들은 이 질문을 자신에게 던지고 어떻게 하면 자기가 하는 일에 성과를 낼 수 있는지 끊임없이 고심하면서 대부분의 시간을 이 질문에 대한 답을 찾는 데 쓴다. 반면 가난한 사람들은 이런 활동에 거의 시간을 쓰지 않는다.

화장품 회사 에스티 로더의 에스티 로더 회장 역시 성공 비결에 대해 이렇게 말했다. "나는 나의 목표가 무엇이건 간에 그 목표에서 눈을 떼지 않았다. 나는 그 순간순간의 특별한 목표로부터 어떤 일이 있더라도 결코 눈을 떼는 것을 허용하지 않았다. 그것이 사랑하는 손자와의 훈훈한 만남이든, 또 다른 사업의 문제든, 멋진 파티의 초대이든, 집에서 조용한 휴식을 갖는 것이든 간에 말이다."

어떻게 하면 더 나은 성과를 낼 수 있을까 궁리하느라 한나절을 꼬박 보내본 적이 있는가? 좋은 아빠가 되기 위해, 부하직원이나 배우자의 좋은 점을 찾아내서 칭찬해주기 위해, 반나절을 그 생각만 해본 적이 있는가?

'목표에서 눈을 떼지 마라'는 말은 목표만을 생각하고 다른 일은 하지 말라는 뜻이 아니다. 어디서 무슨 일을 하든 그 일을 목표와 관련시키고, 목표에서 생각의 끈을 놓지 말라는 뜻이다. 목표에 대해 생각하고 생각하고 또 생각하면 방법을 찾게 되고, 행하고 행하고 또 행하다 보면 목표를 달성할 수 있다.

 축구에서 골프까지 모든 구기 종목에는 한 가지 대원칙이 있다. '공에서 눈을 떼지 마라'는 것이다. 원하는 것이 있다면 그것에서 생각의 끈을 놓지 말아야 한다. 헝가리의 푸슈카시 페렌츠는 축구 영웅이 된 비결을 묻는 기자에게 이렇게 말했다. "나는 많은 시간 축구를 한다. 공을 찰 수 없을 때는 축구에 대해 이야기를 한다. 축구에 대해 이야기할 수 없을 때는 축구에 대해 생각한다." 목표에서 생각의 끈을 놓지 않으면 우리의 뇌는 목표를 달성할 수 있는 온갖 방법을 찾아낸다.

 우리 동네 과일 트럭 아저씨는 수년 동안 같은 곳에 같은 트럭을 세워놓고 과일을 판다. 손님이 없으면 운전석에 앉아 DMB를 보거나 휴대전화를 만지작거리는 것도 몇 년 전과 똑같다. 그런데 왜 그 아저씨는 DMB에서 눈을 떼지 못하는 것일까? 손님이 없기 때문이라고 말할지 모른다. 하지만 그건 틀렸다. 손님이 없기 때문에 DMB를 보는 것이 아니라 DMB를 보기 때문에 손님이 없을 가능성이 더 많다. 손님에게 과일을 팔아 돈을 벌고 싶다면 과일, 손님, 판매, 이 세 가지에서 생각의 끈을 놓지 말아야한다. 이 세 가지에 대해 생각하고 공부하고 연구하기를 거듭했다면 그분은 이미 우리 동네를 떠나 청과물 유통회사 CEO가 되어 있을지도 모른다.

그 과일 트럭 아저씨만 그럴까? 아니다. 몇 년 전 갤럽 조사결과를 보면 우리나라 직장인 중 출근해서 업무에 완전히 몰입한다는 사람은 11%에 불과했다. 왜 업무에 몰입하지 못할까? '하는 일이 재미가 없어서'라는 말이 목구멍까지 올라오는 사람이 많을 것이다. 실제로 다른 조사 결과에 따르면 직장인의 71%가 자기가 하고 있는 일을 좋아하지 않는다고 대답했다.

많은 사람들이 재미가 없어서 몰입하지 못한다고 말하지만 몰입하지 않으면 그 일을 좋아할 수 없다. 결과적으로 그 일로 성공할 수도 없다. 실제로 처음부터 자기가 하는 일이 좋아서 성공했다는 사람은 생각보다 많지 않다. 성공한 사람들 대부분은 주어진 일에 최선을 다하다 보니 그 일이 좋아졌고, 그래서 성공했다고 말한다.

사람들은 뉴턴이 사과나무에서 사과가 떨어지는 것을 보고 만유인력의 법칙을 발견했다고 하는데 사실은 다르다. 누군가 뉴턴에게 어떻게 만유인력을 발견했냐고 물었을 때 그는 이렇게 짤막하게 대답했다. "내내 그 생각만 했으니까요." 아인슈타인 역시 똑같은 말을 했다. "나는 몇 달이고 몇 년이고 생각하고 또 생각한다." 눈에 띄는 성과를 낸 사람은 자기가 하고자 하는 일에서 생각의 끈을 놓지 않는다.

무학력으로 국제 발명 특허 62개, 대한민국 훈장 2개, 발명 특허 대상, 장영실상을 5회 수상하여 초정밀가공 분야의 명장이 된 김규환 명장은 그의 성공 비결을 이렇게 말한다. "하루 종일 쳐다보고 생각하고 또 생각하면 해답이 나옵니다. 가공기계 개선을 위해 석 달 동안 고민하다 꿈에서 해답을 얻어 해결하기도 했습니다."

원하는 것이 무엇인가? 그것을 얻기 위해 하루 몇 시간이나 그와 관련된 생각을 하는가? 원하는 것을 얻고 싶다면 원하는 것에 대한 생각의 끈을 놓지 말아야 한다.

하루 1%라도 목표와 관련된 일을 하자

매일 시간을 정해서 자신의 일을 더 잘할 수 있는 방법이나 아이디어를 찾아보라. 메모지와 펜을 준비하거나 컴퓨터 자판을 앞에 두고 생각하라. 아이디어를 기록하고 분석하고 세밀하게 다듬어라. 실천하고 그 결과를 검토하고 더 정교하게 수정하고 보완하라.

지금 요란하게 울리는 전화는 받아야 한다. 상사가 시키는 긴급한 일에도 최선을 다해야 한다. 하지만 아무리 바빠도 하루 1%(15분)만이라도 10년 후의 미래를 위해 투자해야 한다. 이 시간만큼은 절대로 다른 사람에게 뺏기면 안 된다. 날마다 목표와 관련된 책 한 페이지라도 읽고, 새겨야 할 문구 한 줄이라도 메모하고, 작은 일 한 가지라도 실천하자.

 왜 목표에서 생각의 끈을 놓지 말아야 하는가?

· 만나는 사람과 자주 가는 곳, 보고 듣는 것이 달라진다.
· 중요한 것과 중요하지 않은 것의 경계가 명확해진다.
· 목표 달성에 걸림돌이 되는 유혹들을 쉽게 뿌리칠 수 있다.

종종 하던 일을 멈추고, 미래를 위해 생각할 시간을 가져보자. 멈추고 생각할 시간을 갖지 않으면 어느 날 문득 거울 속에서 초라하게 늙은 노인 한 명을 만나게 될 것이다. 그리고 한숨을 쉬면서 이렇게 중얼거릴 것이다. '이것이 내 인생이란 말인가?' 나중에 후회하지 않으려면 지금부터 준비를 해야 한다. 책을 쓰고 싶은가? 그렇다면 하루 15분만이라도 날마다 자료를 수집하고 아이디어를 정리하자.

목표에서 생각의 끈을 놓지 않도록 도와주는 몇 가지 방법이 있다.

첫째, 언어적 및 상징적 촉발자극verbal & symbolic prompt : 언어나 상징물을 이용해 목표를 잊지 않도록 하는 방법이다. 금연을 하기 위해 금연 서약서를 작성해서 공개선언하거나, 할 일을 잊지 않기 위해 자신에게 예약 문자를 보내거나, 휴대전화에 할 일의 목록을 올릴 수 있다.

둘째, 상황적 촉발자극situational prompt : 항상 목표를 떠올릴 만한 상황을 만들어두는 방법이다. 즉 목표와 관련된 기사를 스크랩하거나 취업하고 싶은 회사의 사진을 책상 앞에 붙여라. 체중을 줄이고 싶다면 돼지 그림을 냉장고에 붙여놓고 먹을 것을 찾을 때마다 "이 돼지야! 또 먹으려고?"라고 외쳐보라.

셋째, 사회적 촉발자극social prompt: 만나는 사람을 달리하는 것이다. 공부하고 싶으면 공부를 잘하는 친구를 가까이하고, 부자가 되려면 부자나 부자가 될 사람과 어울려야 한다. 마찬가지로 체중을 줄이고 싶다면 날씬한 사람과 함께 있어야 한다. 실제로 하버드 의과대학 연구팀에 따르면 친구가 뚱뚱하면 같이 뚱뚱해질 확률이 뚱뚱하지 않은 친구를 둔 경우보다 무려 57%나 더 높다.

프랑스의 소설가 앙드레 말로는 이렇게 말했다. "오랫동안 꿈을 그리는 사람은 마침내 그 꿈을 닮아간다." 이루고 싶은 꿈에 대한 생각의 끈을 놓지 않고 하나하나 실천하다 보면 꿈이 주인을 이끌기 때문에 결국 꿈을 이루게 된다는 말이다.

토끼와 거북이의 경주에서 거북이가 이긴 것은 토끼가 낮잠을 잤기 때문이 아니다. 토끼는 경쟁자인 거북이를 의식하고 방심했지만, 거북이는 경쟁자를 의식하지 않고 오로지 정상만을 생각하면서 한 걸음 한 걸음 나아갔기 때문이다. 거북이처럼 꾸준하게 올라야 할 그대의 정상은 어디인가? 생각의 끈을 놓지 않고 날마다 행해야 할 그대의 목표는 무엇인가? 목표 달성을 위해 작은 일을 매일 꾸준하게 하는 것은 결코 작은 일이 아니며, 세상에 꾸준함만큼 무서운 것은 없다.

놓치 않으려면
단단히
'끈'을 쥐 듯...

목표를 성취하려면 '생각의 끈'을 놓지 마라...

04. 목적의식
목표에서 생각의 끈을 놓지 마라!

모든 구기 종목의 행동강령 1호는 '공에서 눈을 떼지 마라'이다. 장애물이 눈에
띄는 것은 목표에서 눈을 뗐기 때문이다. 생각하고, 생각하고, 또 생각하다 보면
방법을 찾게 된다. 실천하고, 실천하고 또 실천하다 보면 반드시 이루게 된다. 목
표에서 눈을 떼지 마라!

하루 종일 매상 올릴 방법을 찾다 보니…

"목표의 안테나를 높이 세운 사람은 주변에서 아무리 방해해도 원하는 주파수를 잡아낸다"는 글을 읽으며 아버지가 떠올랐다. 아버지는 고깃집을 운영하는데 몇 년이 지나도 매상이 오르지 않고 겨우겨우 유지하는 정도였다. 아버지는 늘 경기가 안 좋아서, 직원이 자주 바뀌어서, 식자재 값이 올라서 힘들다며 가게 임대료도 못 낼 지경이라고 걱정만 잔뜩 하셨다. 나는 그래도 잘되는 식당도 많다면서 함께 연구해보자고 했지만 아버지는 네가 뭘 아냐며 핀잔을 주곤 했다. 며칠 동안 아버지 대신 카운터를 보면서 유심히 관찰해보니 근처 호텔에 묵는 일본인 손님이 많다는 사실을 알았다. 그런데 직원들이나 아버지가 일본어를 모르니 당연히 말이 통하지 않아 주문할 때마다 애를 먹고 있었다. 나는 우선 인터넷 검색과 일본어를 아는 친구의 도움을 받아 메뉴에 일본어를 넣어 다시 만들고, 음식 사진도 메뉴판에 붙여놓았다. 식당 밖에도 일본어 메뉴판을 크게 붙였다. 그러자 손님이 조금씩 늘어나기 시작했다. 처음에는 호텔에 묵는 손님들뿐이었는데, 손님이 늘고 가게가 북적거리자 주변의 직장인들도 많이 왔다. 그 후로 음식 맛도 소문이 나면서 장사가 더욱 잘 됐다.

토익 만점을 받기 위해…

틈만 나면 친구들과 쓸데없는 문자나 SNS, 전화 통화, 안 잡아도 될 저녁 약속 등을 했다. 영어 공부 열심히 해서 자기만의 철학이 있는 국제적인 세일즈맨으로 성공하겠다고 입버릇처럼 말하지만 몸은 180도 다른 행동을 하는 나 자신을 목격한다. 이번 연말까지 토익 만점을 받겠다는 목표를 세웠다. 학원에 등록할까 생각했지만 우선 학기 말까지는 스스로 공부하는 습관을 들여보기로 했다. 토익 책 한 권을 사서 매일 공부할 분량을 적어 책상 위에 붙여놓았다. 가방 안과 식탁 위, 침대 머리맡에도 영어 책을 놓아두었다. 궁금한 단어는 스마트폰으로 바로 찾아본다. 음악은 팝송을 중심으로 영어 노래만 듣고, 가사를 프린트해서 외운다. TV도 미국 드라마와 뉴스가 나오는 채널만을 보며, 블로그도 영어로 작성한다. 회사에서 영어를 해야 할 일이 생기면 자원해서 그 일을 맡고 있다. 그러다 보니 이제는 영어로 꿈을 꿀 때도 있다. 한 달 정도 습관을 들이다 보니 영어 실력이 부쩍 늘었을 뿐만 아니라 이제는 영어 공부가 재미있기까지 하다. 참으로 놀라운 변화다. 목표를 정하니 자나 깨나 그 생각만 하게 된다. 생각을 많이 할수록 실천도 잘되고, 결과도 좋아진다!

why not me?

누구든 열정에 불탈 때가 있다.
어떤 사람은 30분, 또 어떤 사람은 30일,
그러나 인생에서 성공하는 사람은 30년 동안 열정을 가진다.
– 에드워드 버틀러

Q

만유인력을 어떻게 발견했느냐는 질문에 뉴턴은 이렇게 대답했다.

"내내 그 생각만 했으니까!"

그대가 반드시 달성하고 싶은 목표는 무엇이고, 그 목표에서 생각의 끈을 놓

지 않기 위해 무엇을 어떻게 하겠는가?

A

달성하고 싶은 목표 :

생각의 *끈*을 놓지 않기 위해 해야 할 일 :

37세에
책 한 권을
출간하려면?

우리 사회에서 가장 성공한 사람은
10년, 20년 후의 미래를 생각하는
장기적인 전망을 가진 사람들이었다.
– 에드워드 밴필드

어제의 나 '열심히 하다 보면 어떻게 되겠지' 하는 마음으로 매일 아침 남보다 일찍 가게 문을 열고, 남보다 늦게까지 장사를 했습니다. 매출 목표를 구체적으로 정해본 적이 없으니, 목표를 달성하기 위해 무엇을 바꿔야 할지 생각해본 적도 없습니다. 지출 계획도 세워본 적이 없으니 그날그날 들어오는 대로 필요한 지출을 하는 게 당연한 일상이었습니다. 고객이 늘어도, 갑자기 매출이 줄어도 운이 좋은 날도 있고 나쁜 날도 있는 거라며 단순하게 생각했습니다. 적극적으로 고객을 늘려야 한다는 생각을 하지 못했고, 자주 찾는 고객이 새로운 고객을 모시고 왔을 때도 감사한 마음으로 보답한 적이 없었습니다.

오늘의 나 '같은 방법을 반복하면서 다른 결과를 기대하는 사람은 정신병자'라는 아인슈타인의 말에 자극을 받아, 처음으로 올 연말까지의 매출 목표를 잡고, 목표 달성을 위해 해야 할 일들을 역산해서 찾아봤습니다. 메뉴 개발, 서비스, 고객 관리 등 다양한 아이디어가 생각났습니다. 예컨대 고객이 들어올 때뿐 아니라 나갈 때도 문을 열어드리고 고객이 입소문을 내줄 수 있는 여러 가지 방법을 찾아냈습니다. '열심히 하다 보면 어떻게 되겠지' 하는 생각에서 벗어나 매출 목표를 정하고, 목표 달성을 위해 무엇을 할 것인지를 역으로 생각해봤을 뿐인데 정말 많은 것이 달라졌습니다.

정말 열심히 사는데 왜 이 모양일까?

"매일 도서관에서 살다시피 하고 집에서도 항상 책상 앞에 앉아 공부만 합니다. 이렇게 열심히 하는데 성적은 잘 안 나와요. 전 정말 머리가 나쁜 걸까요?"

"새벽에 일어나서 가게 문을 열고 밤늦게까지 쉴 새 없이 일합니다. 그래도 장사가 안 됩니다. 장사에 소질이 없는 걸까요?"

학생들을 지도하다 보면 정말 열심히 하는데 성적이 안 나오는 학생이 있다. 주변에서 장사를 하는 분 중에는 매일 부지런히 일하는데 장사가 안 된다고 하는 사람도 있다. 이유는 다양하다. 공부하는 요령이 부족해서일 수도 있고, 시험 때만 긴장하기 때문일 수도 있다. 가게 위치가 안 좋아서일 수도 있고, 경기가 나빠서일 수도 있다.

이유를 나열하자면 수십 가지가 나올 것이다. 하지만 이들에게는 한 가지 공통점이 있다. 그것은 바로 멀리 내다보지 못하고 '무작정' 열심히만 한다는 점이다. 그런데 그 반대의 사람들도 있다. 늘 좋은 성적을 내고, 무슨 일을 하든 성과를 내는 사람들이다. 그들에게는 어떤 공통점이 있을까? 그들은 종종 하던 일을 멈추고 미래로 간다. 그리고 미래를 기점으로 역산해서 지금 해야 할 일을 결정한다.

1만여 CEO들의 멘토이며, 저명한 경영 컨설턴트인 간다 마사노리는 이렇게 말했다. "99%의 사람은 현재를 보면서 미래가 어떻게 될지를 예측하고, 1%의 사람은 미래를 내다보면서 지금 현재 어떻게 행동할지를 결정한다. 그리고 대부분의 사람들은 1%의 사람을 이해하기 어렵다고 말한다."

하버드 대학 2학년생이던 빌 게이츠는 10년 후면 모든 가정에 PC가 보급될 것이라고 예상했다. 그리고 10년 후로부터 역산해본 결과 대학을 졸업하고 창업을 하면 너무 늦다고 판단하여 자퇴를 하고 마이크로소프트를 설립했다. 그의 나이 19세였다. 대부분의 사람들은 빌 게이츠의 그런 행동을 이해할 수 없었다. 그러나 10년 후 빌 게이츠는 《포브스》가 선정한 억만장자 대열에 올랐다.

시험 일정이 나오면 대부분의 학생들은 현재를 기점으로 언제까지 어느 과목의 시험공부를 먼저 끝낼 것인지 계획을 짠다. 하지만 극소수의 학생들은 목표를 정한 다음에 시험 날짜를 기준으로 거꾸로 계산해서 지금 해야 할 일을 찾아 계획을 세운다. 장사를 잘하는 사람은 매달 말일을 기점으로 매출액 목표를 정한다. 그래서 오늘은 얼마의 매출을 올려야 목표액을 맞출지를 계산해둔다. 그리고 무작정 손님을 기다리는 일로 시간을 보내는 것이 아니라 목표를 달성하기 위한 과정과 방법을 찾아내고 행동으로 옮긴다.

스케줄링, 즉 계획을 세우는 순서에는 기본적으로 두 가지 방법이 있다. 현재를 기점으로 순차적으로 계산해 목표 달성 시기를 추정하는 순행 스케줄링forward scheduling과 최종 목표 달성 시기, 즉 미래를 기준점으로 역산해서 지금 당장 해야 할 일을 선택하는 역산 스케줄링backward scheduling이다. 순행 스케줄링의 습관으로 살아가는 삶은 이렇다.

막 공부를 시작하려고 하는 순간, 친구로부터 F학점을 받아 너무 괴롭다면서 술이나 한잔하자는 전화가 걸려왔다. 딱 한 잔만 하고 집으로 오려고 했는데 술에 취해 2차, 3차를 가는 바람에 새벽에 들어왔다. 알람 소리를 들었지만 술이 덜 깨 일어날 수 없었다. 겨우 일어나서 거울을 보니 머리가 엉망이다. 서둘러 머리를 감고, 어머니의 성화에 아침도 몇 술 뜨는 둥 마는 둥 하고 헐레벌떡 뛰었지만 오늘도 어김없이 지각이다.

이 학생이 역산 스케줄링 습관을 갖게 되면 다음과 같이 달라진다.

내일은 절대로 지각하지 말아야겠다. 강의실에 9시까지 들어가려면 8시 40분까지는 교문 앞에 도착해야 한다. 그렇게 하려면 7시 10분까지는 전철을 타야 한다. 그러려면 7시에는 집에서 나와야 하고 그렇게 하기 위해서는 6시 40분까지 아침식사를 마쳐야 한다. 그렇게 되려면 늦어도 6시에는 일어나야 한다. 그러려면 밤 12시 전에 잠을 자야 한다. 그러므로 미안하지만 친구와의 만남은 나중으로 미루고 9시 전에 집에 들어가야 한다.

미래로부터 역산해서 현재를 선택하라

당신은 어떤가? 약속에 늦고 마감 시간에 맞춰 겨우겨우 일을 끝내는 편인가? 자질구레한 일을 하느라 정작 중요한 일을 항상 뒷전으로 미뤄놓거나 이런저런 유혹에 쉽게 빠지는가? 그렇다면 순행 스케줄링 습관이 몸에 배어 있을 가능성이 높다.

현재의 시점에서 바라보면 모든 일이 중요하게 느껴진다. 또 중요한 일보다 긴급한 일을 선택할 가능성이 높아진다. 하지만 목표 달성을 기준점으로 현재 상황을 역방향으로 바라보면 유혹에 휘둘리지 않기 때문에 선택의 폭이 대폭 줄어든다. 당연히 스트레스도 줄어든다.

역산 스케줄링은 공부나 사업뿐 아니라 노후 대비나 건강관리, 인간관계 등 삶의 모든 영역에 적용할 수 있다. 행복한 노후를 보내고 싶은가? 그렇다면 은퇴 후 하루 종일 아내와 함께 지낼 시간으로 자기 자신을 미리 보내보자. 그리고 현재로 다시 돌아와서 지금 어떤 태도로 아내를 대해야 할지 생각해보자.

노후에도 자녀들이 자신의 이야기에 귀 기울여주기를 원하는가? 그렇다면 30년, 40년 후의 미래로 미리 가서 자녀들의 방문을 기다리는 힘없고 외로운 노년기를 떠올려보자. 그리고 현재로 되돌아와서 힘들어하는 자녀에게 따뜻한 격려의 말 한마디라도 건네보자.

회사를 그만두고 난 다음에도 함께 일했던 직원들과 좋은 관계를 유지하고 싶다면, 명함에서 이름 석 자를 제외하고 모든 것이 지워졌을 때를 떠올리며 부하직원들에게 어떤 표정과 말투로 대해야 할지 신중하게 판단해야 한다. 역산 스케줄링의 지혜를 발휘하면 더욱 풍요로운 삶을 살아갈 수 있다.

미래에 대한 예상으로부터 시작하는 역산 스케줄링은 인간관계의 문제를 해결하는 데도 매우 유용하게 활용할 수 있다. 행복한 미래에 초점을 맞춘다면 쉽게 해결할 수 있는 문제인데도, 지금 벌어지고 있는 문제에 집착하기 때문에 오히려 문제를 해결하지 못하는 사람이 많다. 이들을 위해 카운슬러는 문제가 다 해결된 미래를 상상하도록 해서 현재의 행동을 변화시키는 기적질문 기법miracle question technique을 사용하기도 한다.

언젠가 부부싸움 후 냉전이 너무 오래 지속되어 괴롭다는 내담자에게 이런 제안을 했다. "지금부터 상상력을 동원해보십시오. 잠을 자고 일어났는데 밤사이에 기적이 일어났습니다. 지금 겪고 있는 부부문제가 완벽하게 다 해결된 것입니다. 잠에서 깼을 때 '어떻게 된 거지? 문제가 완전히 사라졌어!'라는 생각을 하게 된 겁니다. 그렇다면 이때 두 분의 문제가 완전히 해결되었다는 것을 어떻게 알 수 있을까요?" "예를 들어 아내가 따뜻한 눈길과 환한 미소로 저에게 얼른 일어나서 함께 커피를 마시자고 한다면 그런 생각이 들겠죠." "네, 그렇게 되려면 어떤 과정을 거쳐야 할까요? 거쳐야 할 과정을 역으로 추적해봅시다. 그러면 지금부터 ○○ 씨가 시도해야 할 일은 무엇일까요?"

 왜 역산 스케줄링인가?

- 미래의 관점에서 현재를 선택할 수 있게 해준다.
- 중요한 일과 중요하지 않은 일을 명확하게 구분해준다.
- 유혹을 뿌리치고 효과적인 달성 방법을 찾아낼 수 있다.

늙은 모습, 상상만 해도 저축 의지가 높아진다

현재의 행동을 바꾸는 가장 효과적인 방법의 하나는 미래를 미리 상상해보는 것이다. 노스웨스턴 대학 켈로그 경영대학원 연구팀은 자신의 늙은 모습을 생생하게 상상하는 것만으로도 노후 대비를 위한 저축 의지가 높아진다는 것을 실험으로 검증했다. 연구팀은 대학생 250명을 거울이 설치된 실험실로 안내했다.

한 집단에게는 거울 속에 비친 자신의 현재 모습을 보게 했다. 다른 집단에게는 거울 속에서 검버섯이 피고 머리숱이 확 줄어든 백발의 노인으로 변한 자신의 모습을 보게 했다.

첫 번째 집단은 단지 거울이 설치된 실험실에 들어갔을 뿐이지만, 두 번째 집단의 경우는 달랐다. 실험실 안에 설치된 8개의 카메라로 참여자를 촬영하고, 가상현실 소프트웨어를 이용해 60대 후반의 노인이 된 자신의 얼굴을 거울로 관찰할 수 있도록 했다. 약 3분 후 실험실에서 나온 참여자들은 "은퇴를 대비해서 저축을 얼마나 하겠는가?"라는 설문에 응답하도록 했다. 조사 결과 자신의 늙은 모습을 거울을 통해 바라봤던 참여자들은 그렇지 않은 참여자들에 비해 저축 계획의 규모가 무려 200%나 더 높았다.

미래를 대비하는 것이 중요하다는 것은 누구나 다 아는 사실이다. 하지만 그 생각을 행동에 옮기기는 어렵다. 초라한 노후는 나와 상관없는 일이며, 먼 훗날을 위해 저축하는 것은 지금 이 순간 즐길 수 있는 돈을 그만큼 줄여야 하기 때문이다. 하지만 늙어서 힘없고 돈 없는 자신의 모습을 본 사람들은 즉각적인 욕구 충족을 참으면서 노후 대비에 더 많은 투자를 하게 된다. 자기와는 상관없을 것 같은 초라한 노년의 모습을 앞당겨서 지금 경험할 수 있었기 때문이다.

종종 하던 일을 멈추고 생각할 시간을 가져보라. 타임머신을 타고 목표가 달성된 미래로 미리 가보자. 목표 달성 시점에서 현재에 이르기까지의 타임라인을 그어보고, 목표 달성까지 거쳐야 하는 과정을 역산해서 추적해보자. 그렇게 하면 옆길로 새지 않고 목표 달성에 이르는 지름길을 찾아내기가 더 쉬울 것이다.

현재를 추구하는 자는
'덧셈'을 하지만,

미래를 내다보는 자는
'뺄셈'을 한다...

미래를 기준으로 현재의 나를 '설정'한다...

05. 역산계획
미래를 기점으로 현재를 선택하라!

계획에는 순행 스케줄링과 역산 스케줄링이 있다. 평범한 사람은 현재의 관점에서 미래를 바라보면서 산다. 반면 비범한 사람은 미래를 기준점으로 지금 할 일을 선택한다. 변화의 끝을 바라보라. 그리고 역산해서 지금 할 일을 선택하라!

당장 해야 할 일이 명확해졌다

나는 그동안 역산 스케줄링이라는 개념조차 알지 못했고, 그러다 보니 당연히 역산 스케줄링으로 계획을 세워본 적도 없다. 그저 오늘과 내일 열심히 살다 보면 일주일 후에는 조금 더 나아질 것이고 한 달 후, 1년 후에는 훨씬 더 나아질 것이라고 막연하게 생각하면서 살아왔다. 명확한 목표도, 이유도 없이 '그저 이렇게 열심히 살다 보면 좋은 곳에 취직하게 되지 않을까' 하는 생각으로 말이다. 그러니까 당연히 의욕이 떨어지고, 쉽게 포기해서 자잘한 목표도 제대로 달성하지 못하는 삶을 살아왔다. 역산 스케줄링을 공부하고, 편의점 사업을 하겠다는 목표를 세웠다. 사업을 하려면 먼저 편의점 회사에 취업해서 공부를 해야 한다. 취업을 하려면 면접에 합격해야 한다. 합격하려면 경쟁자들과 차별화해서 나를 채용해야 하는 이유를 제시해야 한다. 그러려면 먼저 자기 PR을 어떻게 해야 할지 생각해봐야 한다. 차별화된 자기 PR을 하려면 지원하는 편의점에 대해 철저하게 연구하고 분석해야 한다. 연구하고 분석하려면 편의점 경영주들을 만나봐야 한다. 이렇게 역산 스케줄링 마인드를 가지고 지금부터 해야 할 일을 찾아보니 지금 당장 해야 할 일이 명확해졌다.

37세에 책 한 권을 출간하려면?

저는 서른일곱 살에 성공 경험을 알리는 멋진 자기계발서를 쓰기로 결심했습니다. 지금 스물두 살이니 15년이 남아 있네요. 서른일곱 살에 책을 출간하려면 적어도 서른다섯 살에는 출판사와 계약을 해야겠죠? 그러려면 서른 살에는 책을 쓰기 시작해야 합니다. 서른 살부터 사람들에게 희망을 주는 책을 쓰려면 20대에 풍부한 경험을 쌓아 나 자신이 먼저 성공한 사람이 되어야 합니다. 그리고 많은 사람들의 성공 스토리와 희망을 줄 수 있는 사례를 많이 알고 있어야 할 것입니다. 일을 하면서든, 여행을 다니면서든, 언론을 통해서든, 되도록 많은 사람들의 성공 스토리를 알아야 합니다. 오늘은 우선 사내에서 성공했다고 할 수 있는 상무님을 만나 인생의 지혜와 직장생활 성공 노하우에 대한 이야기를 들어봐야겠습니다. 인터뷰를 바로 요청했습니다. 서른일곱 살에 많은 사람들에게 희망을 주는 자기계발서 작가가 된다는 목표를 정한 후, 차근차근 서른일곱 살을 기점으로 지금의 나에 이르기까지 해야 할 일을 역산해서 정리해보니 지금 당장 무엇을 해야 할지도 계획이 잡히기 시작했습니다. 오늘 하루도 절대 허투루 보낼 수 없는 확실한 이유가 생겼습니다. 정말 놀라운 경험입니다.

why not me?

무엇이 되고자 하는가? 그것을 먼저 자신에게 말하라.
그리고 해야 할 일을 행하라.
— 에픽테투스

10년, 20년, 30년 후의 미래로 미리 가라. 가족관계, 일과 직업, 재정상태 등
원하는 미래의 모습을 그려보라. 역산해서 지금부터 해야 할 일을 찾아보라.

A

	지금 할 일	←	원하는 미래
1. 가족관계		←	
2. 일과 직업		←	
3. 재정상태		←	

2장

작게
시작하기

이 작은 일이
얼마나
큰일로 이어질지는…

인생은 점들의 연속이다.
우리가 찍는 그 점들은 어떤 식으로든 미래로 연결된다.
– 스티브 잡스

2년 전에 회사를 다니다 작은 게스트하우스를 운영하고
자 혼자 지금 사는 곳으로 이주하여 사업을 추진하던 중
이었습니다. 부모님이 사업자금을 보태주시며 이곳에서 살고 싶다고
해서, 작년 여름에 저와 가까운 곳으로 이사오셨습니다. 그런데 술을
많이 드시면 욕까지 서슴지 않는 아버지와 심하게 다투었습니다. 부
자지간에 점점 의견 충돌이 심해져서 다시는 아버지를 만나지 않겠다
고 마음속으로 결심하고 집으로 돌아와버렸습니다. 부끄럽지만 부모
님과 석 달째 연락을 끊고 지내고 있으며 억울함과 분노, 상실감에 빠
져 두 달이 넘게 방에 틀어박혀 은둔생활을 하고 있습니다.

쉽지 않은 일이지만 아버지와 화해했을 때 그 일로 일어
날 수 있는 연쇄적인 파생효과를 글로 적어보았습니다.
어느새 상상 속에서 제 목표인 게스트하우스를 완공하고 부모님을 모
시고 행복하게 살고 있는 미래를 발견할 수 있었습니다. 그래서 '오늘
을 넘기지 말자!'라고 다짐하고 부모님 집으로 갔습니다. 문을 열고 들
어서는 저를 보고 "어, 왔냐?"고 하면서 당황해하시는 아버지에게 용
기를 내서 죄송하다고 말씀드렸습니다. 아버지는 쑥스러운 듯 미소를
지으시며 "에이~됐다"고 하셨고 저는 눈물이 왈칵 쏟아질 뻔했습니
다. 교수님의 충고대로 파생효과를 예상해본 덕분입니다.

그걸 바꿔봐

목줄이 너무 짧아?

길게 늘이면 되잖아!

그러면 개는 그늘에 들어갈 수 있을 테고

그늘에 드러누우면 짖기를 멈추겠지

그렇게 조용해지면

엄마는

거실에 새장을 걸어놓고 싶었다는 게 기억날 거야

카나리아가 노래를 불러주면

엄마는 다림질을 더 많이 할 수 있을 테고

새로 다린 셔츠를 입고 출근하는 아빠는

어깨가 조금 덜 쑤시겠지

퇴근 후 집에 돌아온 아빠는 예전처럼

10대인 누나와 TV를 보며 농담을 할 거야

그러면 누나는

큰맘 먹고 이번 한 번만

남자친구를 다음 저녁식사에 데려가 보자고

결심할지도 몰라

아빠는 저녁식사를 함께한 그 젊은 친구에게

언제 한번 낚시나 같이 가자고 하시겠지

그냥 줄을 길게 늘어보는 거야

누가 알겠니?

하나를 바로잡으면

다른 변화가 천 개쯤 이어질 거야

　　　　– John Berger, 《Here is where we meet》에서 번역 인용

동전 좀 바꿔주실 수 있을까요?

"저기요, 100원짜리 동전이 많이 필요해서 그런데요. 혹시 5000원짜리 지폐를 모두 100원짜리 동전으로 바꿔주실 수 있을까요?"

"물론이죠! 많이 준비해두고 있습니다. 제가 동전 세는 동안 저기 잠시 앉아계십시오."

이런 편의점이나 약국이 있을까? 사업에 성공하려면 차별화된 친절로 고객을 감동시켜야 한다는 것을 모르는 사람은 없다. 하지만 남다른 친절로 고객을 감동시키는 사람은 생각처럼 많지 않다.

마산의 후미진 동네에서 4.5평의 약국을 개업한 한 약사는 어느 날 택시를 탔다. 버스터미널 앞에서 택시 기사가 5000원짜리 지폐를 주고 100원짜리 동전으로 교환하면서 수수료로 200원을 지불하는 것을 목격했다. 그 후 그는 약국에 동전을 잔뜩 쌓아두고 택시 기사들에게 무료로 동전을 교환해주었다.

택시 기사들 사이에 입소문이 퍼지면서 동전을 교환하려는 택시들이 약국 앞에 줄을 서기 시작했다. 그러자 택시를 잡으려는 동네 사람들이 자연스럽게 약국 앞으로 몰려들고 약국은 손님들로 북적였다. 무료 동전 교환과 함께 음료수를 대접받은 기사들의 입을 통해 이 약국에 대한 소문이 마산뿐 아니라 인근 도시까지 퍼져나가기 시작했고, 이 약국은 마산의 랜드마크로 자리를 잡았다.

그로부터 몇 년 후 그는 마산역 앞에 대한민국에서 두 번째로 큰 기업형 약국을 열었다. 개업 초기에는 하루 10명의 손님도 오지 않았던 약국이었는데 말이다. 그 후 그는 탁월한 경영 능력을 인정받아 기업 CEO로 스카우트 되었다. 그가 바로 엠베스트의 김성오 전 대표다. 택시 기사들에게 동전을 바꿔준 작은 친절이 연쇄반응을 일으켜 만들어낸 파생효과 덕분이다.

고객에게 친절해야 한다는 걸 모르는 사람은 없다. 그런데 왜 많은 사람들이 친절하지 않을까? 힘들게 친절을 베풀어도 즉각적인 보상이 따르지 않기 때문이다. 장기적인 파생효과를 예상하지 못하기 때문이다.

대부분의 평범한 사람들은 즉각적인 고통을 피하고 즐거움을 얻으려 하기 때문에 장기적으로 더 큰 고통을 겪는다. 그들은 어떤 행동을 할 것인지 말 것인지를 결정할 때 즉각적인 욕구 충족 여부에 기준을 둔다. 반면 소수의 성공하는 사람들은 다르다. 그들은 장기적인 파생효과를 예상하기 때문에 단기적인 고통과 손해를 감수한다. 그리하여 더 큰 부가가치를 창출하고 더 많은 보상을 받게 된다. 인생은 당장의 편안함이냐, 아니면 장기적인 더 큰 보상이냐를 선택해야 하는 거래의 연속이다.

성공하는 사람들은 초기의 차별화된 친절과 서비스가 연쇄반응을 일으키면서 점차 증폭되어 시간이 지나면 걷잡을 수 없는 파생효과를 만들어낸다는 사실을 잘 알고 있다. 그래서 그들은 평범한 사람들과 다르게 행동한다. 그들은 사소한 일은 결코 사소한 것이 아니며, 모든 위대한 성취에는 언제나 작은 시작점이 있다는 사실을 잘 알고 있다.

에디슨이 전구를 발명하게 된 진짜 이유

실용적이고 내구성이 강한 전구를 만들어내면 미국의 모든 가정, 공장, 사무실, 건물, 농장에서 석유램프나 가스등을 내가 발명한 전구로 교체할 것이다. 그렇게 되면 전기가 많이 필요할 것이고, 그러면 나는 발전기를 만들어 판매할 것이다. 처음에는 사람들이 전구만 사용하겠지만 전기가 공급되기 시작하면, 나중에는 노동력을 줄이고 효율성과 생산성을 높이기 위해 다른 여러 가지 전기제품들을 구입하게 될 것이다. 나는 그런 전기제품들을 발명할 것이고 이 모든 제품들을 미국뿐 아니라 북미, 남미, 유럽, 아시아 등 전 세계에 판매할 수 있을 것이다.

이것은 1000번 이상의 실패에도 포기하지 않고 도전하여 전구 발명에 성공한 에디슨의 노트 내용이다. 어떤 일이 일어나면 그 일로 인해 크고 작은 수많은 일이 일어나게 되는데 이를 파생효과derivative effect라고 한다.

수없이 반복되는 실패 속에서 에디슨을 버텨낼 수 있게 한 것은 바로 이 '파생효과 노트'였다. 에디슨이라고 포기하고 싶은 생각이 전혀 없었을까? 아마 에디슨도 순간순간 수없이 포기하고 싶은 생각이 들었을 것이다. 하지만 에디슨은 포기하고 싶은 생각이 들 때마다 전구 발명으로 인해 일어날 수 있는 파생효과들을 글로 정리했다. 전구에 대한 아이디어를 한 페이지로 정리했다면 전구 발명 후 그것으로 얻을 수 있는 파생효과에 대해서는 무려 아홉 페이지에 걸쳐 기록했다.

그리고 거듭된 실패로 포기하고 싶은 유혹을 느낄 때마다 노트에 적어놓은 전구 발명의 파생효과를 읽어보았다. 한 가지 목표를 포기하면 그 목표뿐 아니라 그것이 성취된 이후의 수많은 파생효과까지도 모조리 포기해야 한다는 생각을 되새기면서 집념을 불태웠다. 결국 그는 전구 발명에 성공했다. 에디슨이 전구 몇 개 파는 것이 전부라고 생각했다면 과연 전구 발명 과정에서 겪은 수많은 실패를 견뎌낼 수 있었을까?

 왜 파생효과를 예상해야 하는가?

• 즉각적 욕구 충족보다 장기적인 부가가치를 고려해서 선택한다.
• 연쇄반응을 고려하기 때문에 작은 일도 소홀히 하지 않게 된다.
• 남들이 포기한 일도 끝까지 도전하여 남다른 성취가 가능하다.

실패했을 때의 부정적인 파생효과를 상상하라

실행력을 극대화하는 방법의 하나는 변화하지 못해 겪을 수 있는 최악의 끔찍한 상태와, 변화를 시도해서 자신에게 일어날 수 있는 최고의 상태를 대비시키는 것이다. 이를 심리학에서는 정신적 대비 기법 mental contrasting technique 이라고 한다. 다음은 정신적 대비 기법을 활용해서 다이어트에 성공한 학생의 사례다.

교수님, 다이어트에 실패했을 때 일어날 수 있는 끔찍한 일들과 성공적으로 실천했을 때 장기적으로 일어날 수 있는 파생효과들을 열 가지 이상 찾아봤습니다. 파생효과를 적어보니 생각보다 감정을 요동치게 하는 부분이 많아 정신이 번쩍 들고 체중 감량 동기가 강렬하게 일어납니다. 내년 2학기에 교수님의 행동치료 수업을 들을 예정인데, 그때까지 목표 달성에 실패하면 저를 수강생으로 받아주지 마십시오.

실패 시의 부정적 파생효과

목표 체중에 도달하지 못하면, 나는 크게 좌절할 것이다. 우울증에 빠지고 자기 패배의식에 사로잡힐 것이다. 이 실패감이 학업 부진으로 이어질 것이고, 부모님의 신뢰를 잃어 더 이상의 지원과 지지를 받지 못할 것이다. 내가 그토록 바라는 심리치료자가 될 수 없을 것이고 외모도 안 되는 나에게 주어진 일은 매우 제한적일 것이다. 나 자신을 매우 하찮게 여기며 알바를 전전하면서 겉으론 웃고 속으론 우는 슬픈 삶을 살아갈 것이다. 내 동기, 후배, 선배들은 자신이 하고 싶은 분야에서 승승장구한다는 소식을 종종 듣겠지만, 나는 그 모임에서 아예 잊힌 존재가 되거나 한때의 인물로 기억될 것이다. 운이 좋아 결혼을 해도 비슷한 부류의 배우자를 만날 것이고, 그냥 죽지 못해 살게 될 것이다. 그동안 몸은 말도 안 되게 불어나서 이혼을 당하게 될 것이다. 좌절감과 자책감에 시달리면서 하루하루를 살아가던 내 인생은 결국 실패로 끝나고 부모님에게는 가슴 아픈 존재, 자식들에겐 원망스러운 엄마로 남게 될 것이다.

성공 시의 긍정적 파생효과

체중 감량에 성공하면 자신감이 매우 충만해질 것이다. 몸이 날씬하니 어떤 옷을 입어도 잘 어울릴 것이다. 콤플렉스를 가리는 용도가 아니라 몸매를 뽐내기 위해 옷을 입을 것이다. 하는 일 모두 자신이 있으니 집중력도 높아져서 더욱 공부에 매진할 수 있을 것이다. 질 좋은 논문을 쓰고 더 좋은 병원에서 수준 높은 수련을 받게 될 것이다. 멋진 남자를 만날 가능성도 커지고 진정한 사랑을 할 기회가 많아질 것이다. 사랑받는 존재가 되고 자신감이 넘치면 내담자를 더 잘 이해하고 도와줄 수 있을 것이다. 내담자를 잘 이해하고 치유해줄 수 있는 능력이 계속해서 향상되어 나는 인정받는 치료자가 될 것이다. 돈과 명예도 따라오게 되어서 스스로 독립을 할 수 있게 되고 부모님께 떳떳하게 살아가는 모습도 보여드리고, 고생하신 부모님께 용돈도 드리고 여행도 보내드리면서 그동안 받았던 은혜에 보답할 수 있을 것이다. 그리고 내가 꿈꾸던 치유센터를 설립해서 죽을 때까지 수많은 사람을 변화시킬 수 있을 것이다. 나는 정말 의미 있는 삶을 살다가 행복하게 죽을 것이고, 내 묘비명에는 '함께 있으면 따뜻하고 행복해지는 위대한 치유자, ○○○'라고 기록될 것이다.

자신이 결심한 일을 해냈을 때 발생할 수 있는 긍정적 파생효과가 크면 클수록 결심을 실천에 옮길 가능성이 높아진다. 하지만 실천하지 못했을 때 일어날 수 있는 끔찍한 부정적 파생효과도 강력한 자극이 된다. 그래서 목표를 달성했을 때의 최고의 상태와 그렇지 못했을 때의 최악의 상태를 대비시켜보는 것은 시너지 효과를 일으켜 더욱더 강력한 실행 동력을 만들어낸다. 인간은 쾌락을 추구할 뿐 아니라, 동시에 고통을 회피하려는 원초적인 본능을 갖고 있기 때문이다.

해야 하지만 아직도 머뭇거리는 일이 있는가? 파생효과들을 찾아보고 지금 당장 할 수 있는 작은 일을 찾아보라. 그리고 당장 실천하라. 오늘 실천한 이 작은 일이 얼마나 큰일로 이어질지는 아무도 모른다.

내맘 속
깊은 곳에
'나비' 산다...

날기 위한 작은 날갯짓 '하나'가 큰 변화를 가져온다...

06. 파생효과
도미노처럼 이어지는 파생효과를 찾아보라!

종종 하던 일을 멈추고 생각할 시간을 가져보라. '이 일을 선택하면 어떤 일이 일어날까? 그리고 그 일은 어디로 이어질까?' 성공한 사람들은 실패한 사람들이 보지 못한 '저 너머'를 본다. 무슨 일을 하건 그냥 보지(see) 말고 멀리 내다보라(foresee)!

수수료보다 고객 편에 서서, 약관에 초점을 맞추다 보니…

보험 가입을 권유할 때는 혜택이 많은 것처럼 소개했는데, 막상 보상을 받을 때는 실망스러운 경우가 많았다. 나는 고객에게 진정으로 도움을 주는 설계사가 되고 싶었다. 그러려면 약관을 철저히 공부해야 했다. 깨알 같은 글씨의 보험 약관은 수많은 법률과 의료 지식, 보험의 구조 등이 뒤섞여 있어서 일반인은 물론이고 설계사조차 이해하기 어려웠다. 너무 어렵고, 수수료 수입도 줄어 포기하고 싶을 때도 많았지만 장기적인 파생효과를 생각하면서 꾸준히 공부했다. 고객에게 도움을 주는 설계사가 되면 굳이 보험을 팔려고 요란스럽게 다니지 않아도 고객들이 내 마음을 알아주고 주변에 보험 계약을 권유할 것이다. 고객이 늘어나면 약관 공부를 더 철저히 할 수 있고, 그러면 이 분야의 전문가가 될 것이다. 전문가가 되면 책도 쓰게 되고, 강의도 하게 될 것이다. 실제로 약관 전문가가 되니 고객들의 소개가 이어져 몇 년간 최고의 세일즈맨으로 인정받게 되었다. 일반인들을 위해 쓴 책이 히트해서 각종 방송에 출연하면서 보험사와 설계사, 시민단체 및 기업체로부터 강연 의뢰가 넘치고 있다. 약관 공부를 처음 시작했을 때는 상상도 하지 못한 엄청난 파생효과가 일어나고 있다.

식탁 정리만 하기로 했는데…

정리정돈, 청소, 독서, 영어 공부를 계속 미뤄두고 있는데 그중에서 정리정돈부터 하고 싶다. 집 안이 항상 난리다. 핑계는 많다. 바빠서, 피곤해서, 내일 해도 되니까 등등. 그래서 오늘은 당장 식탁 정리만 해보기로 했다. 식탁 위에 있는 우편물과 책부터 치웠다. 식탁이 넓어졌다. 그러자 싱크대도 깨끗이 치우고 싶어졌다. 싱크대에서 거실을 바라보니 왠지 깨끗한 싱크대와 어울리지 않았다. 그래서 거실을 치웠다. 아! 이런 것이 바로 '디드로 효과'구나! 프랑스 철학자 디드로가 어느 날 친구로부터 서재용 가운을 선물받고, 새 가운과 서재의 낡은 책상이 어울리지 않는다는 생각에 책상을 바꾸고, 그러다 보니 책장이며 시계 등 디드로 자신을 제외한 그 방의 모든 것을 새로 바꾸게 되었다는 그 디드로 효과! 하지만 오늘은 여기까지! 내일은 옷장을 치우고 화장실을 치우게 될 것 같다. 이렇게 식탁과 싱크대가 깨끗해지고 집 안이 정리정돈이 잘되면 아이들이 엄마의 정리정돈 습관을 따라할 것이니 스트레스도 줄어들 것이다. 스트레스가 줄어들면 일이 즐거워질 것이고, 일이 즐거우면 아이들과 남편에게 친절해질 것이다. 가족들은 각자 학교에서, 직장에서 자기 할 일을 더 잘할 것이고 우리 집은 더욱더 행복해질 것이다.

why not me?

그냥 보기(see)는 쉬워도
앞을 내다보기(foresee)는 어렵다.
– 벤저민 프랭클린

결심하고도 아직 실천하지 못한 일 한 가지를 찾아보라.

그 결심을 성공적으로 실천하면 어떤 긍정적 파생효과들이 일어날까?

그 결심을 성공적으로 실천하지 못하면 어떤 부정적인 파생효과들이 일어날까?

A

아직 실천하지 못한 일:

성공 시의 긍정적 파생효과 :

실패 시의 부정적 파생효과 :

딱
오늘 하루만!

크게 생각하고, 작게 시작해서, 빨리 움직인다.
– 메이요 클리닉 혁신 모토

저는 뭐든지 시작하는 데 시간이 오래 걸립니다. 운동을 하러 나가려면 트레이닝복을 입고 모자를 쓰고도 바로 나가지 않고 집 안에서 뱅뱅 돌다가 그만두는 날도 많았습니다. 공부를 할 때도 시작하기 전에 물 한 잔 마시고, 책상 정리하고, 이 책 저 책 들추어보다가 1시간 이상을 허비한 후에야 책상에 앉곤 했습니다. 계획은 열심히 세우지만 실천한 경우가 거의 없습니다. 공부건 운동이건 방청소건 엄두가 나지 않아 시작하기가 너무 힘들었습니다.

"한 숟가락만 먹어봐. 그럼 먹게 될 거야!" "일단 밖으로 나가. 산책 나오길 잘했다고 생각할 거야." "책상을 치우고 공부할 책을 펼쳐봐. 공부를 하게 돼." 늘 꾸물거리는 저에게 엄마가 하던 잔소리였습니다. 엄마의 잔소리가 싫어서 엄마가 하라는 대로 해봤습니다. '에라 모르겠다, 일단 한 숟가락만 먹자' 하고 생각했는데 한 그릇을 다 먹었습니다. '그래, 그냥 잠깐만 나갔다 오자'고 생각했는데 산책을 하고 나니 기분이 상쾌해졌습니다. 책상을 치우고 공부할 책들을 놓아두니 결국은 공부를 하게 됩니다. 이제는 해야 할 일이 있으면 무조건 아주 작은 일 한 가지만 하자고 생각하고 시작합니다. 이전처럼 꾸물거리는 일이 거의 없어졌습니다.

왜 엄두가 나지 않는 것일까?

"시험 범위가 너무 방대해서 도무지 공부할 엄두가 나지 않습니다."

"의사 선생님이 당장 10kg은 빼야 한다고 하는데 도저히 엄두가 나지 않습니다."

"손님들이 오기 전에 대청소를 해야 하는데, 어디서부터 손을 대야 할지 엄두가 나질 않습니다."

"팀장님이 자료 정리를 지시했는데 그 양이 엄청나서, 도대체 어디서부터 시작해야 할지 몰라 잠을 못 자고 있습니다."

꼭 해야 할 일을 앞에 두고 선뜻 시작할 엄두를 내지 못하는 사람이 많다. 그런데 왜 엄두를 내지 못하고, 왜 시작도 하지 못하는 것일까? 너무 엄청나게 느껴져서 어디서부터 어떻게 시작해야 할지 모르기 때문이다. 그래서 많은 사람들이 시도하기도 전에 결심과 꿈을 포기한다.

그런데 보통 사람은 엄두도 못 내는 일을 해내는 사람들이 있다. 그들은 어떻게 그 어마어마한 일을 해내는 것일까? 해야 할 일을 잘게 쪼개 당장 할 수 있는 작은 일로 만들기 때문이다. 시험 공부를 할 때는 해야 할 공부를 남은 날짜로 나눈 다음, 그날 공부할 분량을 정하고 지금 당장 시작할 수 있는 30분 동안(더 짧은 시간도 좋다) 공부할 것을 찾아내면 된다. 대청소를 해야 한다면 서랍장 한 칸만을 정해서 정리를 시작하면 된다. 실제로 심리치료 전문가들은 정리정돈의 문제가 있거나 쓸데없는 물건을 잔뜩 쌓아놓고 버리지 못하는 저장 장애 환자에게 이런 방법을 권유한다. 어떤 일이건 나누고 나누다 보면 당장 할 수 있는 작은 일을 찾아낼 수 있다. 그 작은 일을 하나씩 하다 보면 결국은 어떤 일도 해낼 수 있다.

불가능해 보여서 엄두가 안 나는 일이 있다면 목표 달성 과정을 39단계로 쪼갠다. 그리고 가장 쉬운 일부터 단계적으로 하나씩 실천한다. 그러다 보면 결국 불가능해 보이는 일을 하게 된다. 이는 가톨릭의 평신도 단체인 레지오 마리애에서 불가능하다고 생각되는 일을 가능하게 만드는 방법으로 제시한 39단계 실천론(존 버컨의 소설《39계단》에서 착상)의 요지다. 한 번에 꼭대기에 오를 수는 없으나 계단을 통해 하나씩 오르면 마침내 꼭대기에 도달하게 된다. 이처럼 까마득한 목표도 39단계로 쪼개어 하나씩 실천하다 보면 결국 불가능해 보이던 일을 해낼 수 있다는 이론이다.

첫 번째 계단을 오르면 곧이어 두 번째 계단이 나타날 것이고, 두 번째 계단을 오르면 세 번째 계단이 나타날 것이다. 이런 과정을 거치다 보면 39계단을 모두 오르기도 전에 불가능하다고 생각했던 곳에 도달하게 된다. 이 과정에서 가장 중요한 것은 아무리 어려운 일이라 할지라도 우선 그 첫 발걸음을 내디뎌야 한다는 것이다.

코끼리 한 마리를 다 먹으려면 어떻게 해야 할까? 답은 딱 한 가지밖에 없다. 한 입씩 먹는다. 기와 열 장을 가장 쉽게 깨는 방법은? 그 역시 한 번에 한 장씩 깨는 것이다. 종자돈을 만들려면? 가장 먼저 은행에 가서 통장을 만들어야 한다. 그리고 조금씩 모으는 것이다. 작은 돈에서 시작해야 큰돈을 모을 수 있다.

 왜 작게 시작해야 하는가?

· 부담이 적어 시작하기가 쉬워진다.
· 성공 경험을 통해 자기통제감과 자기효능감이 증가한다.
· 작은 일은 큰일로 이어지고, 성공은 또 다른 성공을 불러온다.

발동이 걸리면 멈추기가 어렵다

의욕이 나지 않아서 할 일을 미루게 된다는 사람이 많다. 하지만 이는 심리학적으로 보면 틀린 생각이다. 의욕이 없어서 시작하지 못하는 게 아니라 시작하지 않기 때문에 의욕이 생기지 않는 것이다. 입맛이 없어도 한 술 뜨다 보면 입맛이 돌고, 산책하기 싫어도 일단 나서면 나오기를 잘했다는 생각이 드는 법이다. 몸이 천근만근 무거워 일어나기 싫을 때도 벌떡 일어나서 움직이면 언제 그랬냐는 듯 일상생활이 가능해진다는 사실을 우리는 잘 알고 있다. 그런데 어떻게 이런 일이 가능할까?

의욕이 있건 없건 어떤 일을 시작하면 우리 뇌의 측좌핵 부위가 흥분하기 시작하여 점점 더 그 일에 몰두할 수 있게 의욕을 만들어주기 때문이다. 우리의 몸과 마음은 일단 발동이 걸리면 자동으로 작동되는 기계처럼 바뀐다. 그래서 하기 싫던 일도 일단 시작하면 그것이 계기가 되어 계속하게 되는데, 이런 정신 현상을 작동 흥분 이론work excitement theory이라고 한다. 다음은 작동 흥분 이론을 자신의 일상에 적용해본 학생의 글이다.

작동 흥분 이론! 이런 이론도 있다니 정말 놀랍다! 왜냐하면 매일 아침 기상할 때 경험하고, 리포트를 쓸 때 경험하기 때문이다. 아침에 기상할 때 알람소리를 들으면서 고통스러워하고, 병든 닭처럼 힘들어 하지만, 일어나서 바로 머리를 감으면 어느 순간 고통이 사라지고 그때부터 내 몸이 알아서 척척 학교 갈 준비를 하게 된다. 불과 2분 안에 일어나는 일이다. 리포트를 쓸 때도 마찬가지다. 리포트라는 단어만 떠올려도 머리가 지끈거리고, 마치 에베레스트 산을 넘어야 하는 일처럼 무겁게 느껴진다. 하지만 어찌됐건 컴퓨터를 켜고 자판을 두드리기 시작하면 어느새 리포트에 몰입하고 있는 나를 발견하게 된다. 작가 라모트의 이 말은 정말 명언이다. "글을 쓰고 싶다면 무조건 컴퓨터 자판을 두드려라." 말이 안 되는 문장이 될 수도 있지만 그것은 전혀 문제가 되지 않는다. 죽이 되든 밥이 되든 그저 생각나는 대로 쓰다 보면 언젠가 정말 쓰고 싶은 글이 써지기 때문이다.

말에게 물을 먹이려면?

말에게 물을 먹이려면 일단 물가로 데려가야 한다. 목이 마르지 않은 말도 일단 물가에 데려다 놓으면 언젠가 물을 마시게 된다. 물가에 가서 물을 보는 것 자체가 말로 하여금 물을 마시게 하는 모멘텀(계기)을 제공하기 때문이다. 이처럼 행동 변화를 일으키는 작은 계기를 만들어서 큰 변화를 유도하는 것을 심리학에서는 행동 모멘텀 기법behavioral momentum technique이라고 한다.

변화를 원한다면 너무 작아서 실패하기가 더 어려운 그런 작은 일부터 시도해야 한다. 인생을 바꾸고 싶다면 크게 생각하되, 시작은 작게 해야 한다. 해야 할 일이 산처럼 느껴질 때, 엄두가 나지 않아서 어디서부터 어떻게 시작해야 할지 모를 때는 목표를 잘게 쪼개서 당장 할 수 있는 작은 일부터 시작해야 한다.

누가 책을 쓰는가? 매일 한 줄씩 쓰는 사람이다. 누가 외국어를 유창하게 하는가? 날마다 한 문장씩 외우는 사람이다. 누가 정상에 오르는가? 정상을 향해 한 걸음씩 내딛는 사람이다. 생각의 끈을 놓지 않고 매일 작게 시도하는 사람은 큰일이 어렵지 않다. 뭐든 크게 이루고 싶다면 작게 시작해야 한다. 작게 나눌 수만 있다면 그 어떤 것도 어렵지 않다.

완전 단주를 목표로 하는 단주동맹의 첫 번째 행동강령은 '딱 오늘 하루만! Just for Today!'이다. 술을 한 번 입에 댔다 하면 다시 알코올 중독자로 돌아갈 가능성이 매우 높은데 그들은 왜 '영원히'가 아니라 '오늘 하루만' 금주를 하겠다고 다짐할까? 술을 좋아하는 사람이 앞으로 평생 술을 입에 대지 않겠다고 각오하는 것은 끔찍한 일이다. 1년 동안 참겠다고 결심하는 것 또한 견딜 수 없는 일이다. 하지만 '딱 하루만'이라고 생각하면 그 일은 식은 죽 먹기가 된다.

'한 번'에
꿸 수 없음을 안다...

그러면서 삶은 '단번'에 꿰려 한다...

07. 목표분할
잘게 쪼개서 작게 시작하라!

큰일을 할 수 있는 가장 좋은 전략은 작게 시작하는 것이다. 우리 몸은 한 번 발동이 걸리면 자동으로 작동되는 기계와 같아서 작게라도 일단 시작하면 저절로 진행이 된다. 일단 시작하라! 너무 작아 도저히 실패할 수 없는 작은 일부터 시작하라!

그냥 자전거에 앉아 TV를 보기로 했을 뿐인데…

살을 빼야겠다고 결심해서 실내용 자전거를 구입했다. 처음 며칠 동안은 땀을 뻘뻘 흘리면서 1시간씩 자전거를 탔다. 그런데 역시 작심삼일이라고 며칠이 지나자 그 자전거가 고문대처럼 느껴져서 한쪽 구석으로 치워버렸다. 그러던 어느 날 행동 모멘텀 기법에 대해 읽고 난 다음 그 자전거를 다시 거실로 꺼내놓았다. 그리고 TV를 볼 때는 소파에 앉지 않고 그냥 자전거에 앉아서 보기로 했다. '60분간 자전거 타기'가 아니라 '그냥 자전거에 앉아 TV를 보기'로 마음먹었다. 그러나 자전거에 앉아 있다 보니 저절로 페달을 밟게 되었다. 드라마나 뉴스를 보다 보면 자전거를 1시간 이상 타게 됐다. 행동 모멘텀 기법의 효과, 정말 놀랍다. 요즘은 날마다 1시간 이상 자전거를 타는데 신기하게 지겹지도 않고 시간도 정말 빨리 지나간다. 뭐든 시작하기만 하면 발동이 걸린다는 작동 흥분 이론, 이걸 읽고 느낀 소감은 한마디로 이거였다. '우와아아아앙!' 놀랍고 새로운 발견을 한 것 같은 느낌과 동시에 묘하게 '그래, 그때 나도 그랬었지' 하면서 고개가 끄덕여지는 이론이다. 이제는 엄두가 안 나는 어떤 일이라도 해낼 수 있을 것 같다. 정말 귀찮고 하기 싫은 집 청소도 우선 청소기라도 꺼내놓자는 생각으로 부담 없이 첫 번째 작은 일을 시작하다 보면 어느새 대청소를 하게 된다.

I can do it!

Just for Today!

딸이 흡연과 관련된 행동 원리를 설명해줄 때만 해도 일이 이렇게 크게 벌어질 줄 몰랐다. 며칠 후 교수님의 제안이라면서 딸과 함께 강의를 듣는 스무 명이나 되는 학생들의 사진이 포함된 금연 응원 편지를 받았다. 얼떨결에 배운 담배를 20년 넘게 피우면서 수도 없이 금연을 시도했지만 모두 실패했다. 그래서 반포기 상태로 살고 있는데 딸 친구들의 편지로 얼떨결에 담배를 끊게 될지도 모른다는 생각이 들었다. 일단 '딱 1주일만 끊어보자'는 생각으로 시작했다. 단주동맹의 첫 번째 행동강령, "Just for Today!"를 떠올리면서 하루하루를 버텼다. 하지만 담배를 끊으니 눈을 뜨면서부터 허전하고 불안해지기 시작했다. 식사 후에는 너무 담배가 피우고 싶어 안절부절못하기 일쑤였다. 밤에는 담배 생각에 잠도 오지 않았다. 3일 째부터 정말 힘든 고비가 시작됐다. 신경이 예민해지고 우울해지면서 너무너무 견디기 힘들었다. 그러나 그때마다 딸 친구들의 사진을 보고 "오늘 하루만!"을 속으로 외치면서 의지를 다졌다. 진심을 담아 나를 응원해준 스무 명의 사랑스러운 내 아들딸들의 사진은 신기하게도 담배에 대한 갈망을 사라지게 하는 특효약이 되었다. 벌써 내 삶에 작은 변화들이 일어나고 있다.

why not me?

모든 위대한 일은
작은 시작에서 출발한다.
– 피터 센게

Q

하고 싶지만 엄두가 나지 않아 아직 시작하지 못하고 있는 일 한 가지만 찾아 그 일을 작게 쪼개보자. 너무나 작아서 당장 실천할 수 있는 가장 작은 일은 무엇인가?

A

엄두가 나지 않는 일 :

어떻게 쪼갤까? :

당장 실천할 수 있는 작은 일 :

어차피
먹어야 할
개구리라면…

나무를 심기에 가장 좋은 때는 20년 전이었다.
그다음으로 좋은 때는 바로 지금이다.
— 아프리카 속담

어제의 나 가족에게 제 마음을 표현해본 적이 없었습니다. 아이들이 중고생이 되고 난 후에는 대화가 거의 없어졌습니다. 아내와는 더 대화가 없습니다. 그러면서 아이들과 아내로부터 점점 멀어져가고 있습니다. 표현을 해야겠다는 생각은 꽤 오래전부터 있었습니다. 그런데 말이 참 안 나왔습니다. 그래서 편지라도 써야지 하고 편지지를 사두었는데 막상 쓰려고 하니 무슨 말부터 써야 할지 고민하다가 회사 일이 바빠서 또 며칠을 보내고 그렇게 시간이 꽤 흘렀습니다. 마음은 있는데, 고맙다는 편지 한 장 쓰기가 이렇게 어려운 일인 줄은 몰랐습니다.

오늘의 나 "우와, 첫눈이 오네! 오늘 저녁 데이트 어때?" 실천하기 가장 좋은 날은 '오늘'이고 실행하기 가장 좋은 시간은 '지금'이라는 글을 읽고 곧바로 아내에게 문자를 보냈습니다. 은근히 "당신이 웬일이야? 좋아요!"라는 아내의 반응을 기대했는데, 이런 답 문자가 왔습니다. "여긴 눈 안 오는데? 그런데 혹시 당신 어디 아파?" 저는 다시 문자를 보냈습니다. "연습이야!" 그리고 전화로 문자를 보내게 된 과정을 설명해주었습니다. 그날 저녁 아내와 이런저런 이야기를 많이 나누었습니다. 그냥 표현하면 되는데 그동안 왜 그렇게 하지 못했을까요?

언제 할 건데?

"이따가 밥 먹고 해줄게."

"숙제는 내일 아침 일찍 일어나서 할 거야."

"내년 1월 1일부터는 반드시 담배를 끊을 거야."

"결혼기념일부터는 기필코 다이어트를 해야지."

하지만 흐지부지해지는 경우가 많다. 왜 그럴까? '밥 먹고 하겠다'는 말에는 '지금은 하기 싫다'는 강한 거부 심리가 숨어 있고, '내일 아침 일찍 일어나서 공부하겠다'는 말에는 '내일 아침까지는 절대 공부를 하지 않겠다'는 강한 의지가 숨어 있다. '새해부터 담배를 끊겠다'는 말은 '새해가 되기 전까지는 죽어라고 담배를 피우겠다'는 뜻이고, '결혼기념일에 다이어트를 시작하겠다'는 결심은 '그때까지는 배가 터지도록 먹겠다'는 다른 표현이다.

이처럼 특정 시간, 특별한 날을 정해서 그때부터 실천하겠다는 것은 입으로는 달라지겠다고 하면서도 속으로는 버틸 때까지 버티면서 어떻게든 안 하겠다고 외치는 것과 같다. 그래서 막상 그날, 그 시간이 되면 또 새로운 날, 새로운 시간을 잡게 된다.

“숙제 다 했냐”는 엄마의 말에 “이따가 저녁 먹고 할게요, 게임 한 번만 하고 할게요, 친구들이랑 놀다 와서 할게요” 하고 대답한 아이들은 대부분 다음 날 아침까지 엄마의 잔소리를 듣게 된다. 아이는 결국 이렇게 대답한다. “학교 가서 하면 돼요.” 그러고는 학교에서 숙제를 다 못해 선생님에게 꾸중을 듣거나 벌을 선다.

지금 하면 좋은데 왜 사람들은 해야 할 일을 자꾸 뒤로 미루는 걸까? 똑같은 일이라도 나중에 하면 더 쉬울 거라고 생각하기 때문이다. 밥 먹고 바로 하기는 힘든 설거지도 나중에 하면 훨씬 덜 힘들 것처럼 느껴진다. 지금 하면 잘 안 될 것 같은 공부도 저녁을 먹고 나면 왠지 더 잘될 것 같다. 이처럼 똑같은 일도 시간적 거리에 따라 실천하기 쉽거나 어렵게 느껴지는 현상을 심리학에서는 시간 불일치 현상time inconsistency 이라고 한다.

결심을 뒤로 미루고, 계획이 물거품이 되는 또 다른 이유는 계획 속에 지금, 여기서(Now & Here)를 포함시키지 않기 때문이다. 경영학의 대가 피터 드러커는 이렇게 말했다. “계획이 미래의 의사결정에 관련된 것이라는 생각은 틀렸다. 그러니 우리는 ‘내일 무엇을 할 것인가’가 아니라 ‘내일을 위해 오늘 무엇을 할지’를 결정해야 한다. 내일을 계획하기는 쉽다. 이는 즐거울지는 몰라도 무익한 일이다." 계획을 성공적으로 실천하려면 계획 속에 어떤 식으로든 오늘을 끼워넣어야 한다. 불확실한 내일을 위해 오늘 아무것도 하지 않는다면, 내일 아무것도 달라지지 않는다는 것이 확실하기 때문이다.

 왜 즉시 실천해야 하는가?

- 워밍업에 투입되는 에너지와 시간을 절약할 수 있다.
- 미룰수록 초기 시발 동기가 감소하여 실천 가능성이 떨어진다.
- 초기의 작은 차이가 점차 증폭되어 나비효과를 만들어낸다.

건강을 위해 운동을 해야겠다고 생각은 하지만 소파에서 엉덩이가 떨어지지 않는다. 하지만 막상 밖으로 나가 달리다 보면 상쾌한 기분이 들며 나오기를 잘했다는 생각이 든다. 왜 운동을 하기 전과 후의 태도가 이렇게 180도 달라질까? 일의 가치는 하기 전보다 하는 동안 더 높게 평가되기 때문이다. 예를 들면 박물관을 방문할 예정인 사람보다 현재 방문 중인 사람이 박물관에 대한 평가를 더 높게 한다. 그러니 하기 싫은 일도 즉각 결행하라. 하면 즐거워진다.

부자들은 응답 속도가 빠르다

어느 날 한 학생이 재미있는 이야기를 해주었다. "교수님 책에, 부자들에게 설문지를 보냈는데 부자들이 설문에 대한 응답 속도가 빨랐다는 일본의 경영 컨설턴트 혼다 켄의 내용이 나오잖아요. 그게 정말 사실이더라고요! 제가 고등학교 동문회 연락을 맡고 있는데요. 동문회 모임이 있어서 참석 여부와 회비 납부 등에 관한 내용을 문자와 메일로 보냈거든요. 근데 어떤 선배들이 가장 먼저 답신을 준지 아세요?"

"완전 잘 나가는 선배들이요. 저와는 까마득하게 멀지만 대기업의 임원이거나 중견기업 사장이거나 아니면 잘나가는 변호사이거나 한 선배들이요. 저는 당연히 그분들은 너무 바빠 답신이 없거나 아니면 더 늦을 거라고 생각했거든요."

성공한 사람들이 더 한가해서 그럴까? 아니다. 그들은 어차피할 일이라면 빨리 처리하는 것이 여러모로 유리하다는 사실을 경험을 통해 알고 있기 때문이다.

실제로 영국의 부자학 전문가이며 베스트셀러 작가인 폴 매케

나는 수많은 백만장자들을 인터뷰해서 그들만의 성공 전략을 여섯 가지로 정리했다. 그중 한 가지 전략이 바로 이것이다. '어떤 일을 결심하면 24시간 안에 그 결심과 관련된 작은 일 하나라도 반드시 실천한다.'

일본의 베스트셀러 작가 센다 다쿠야는 자신의 책《인생에서 망설이면 안 되는 순간 70》에서 이렇게 말한다. "망설이면 망설일수록 결국 하지 않는 것으로 결정 나게 마련이다. 사람은 결단을 내려야 하는 상황에서는 시간이 경과할수록 현상유지를 하는 쪽으로 결정하게 되기 때문이다. 1분 이상 망설이는 사람은 1시간이 지나도 망설인다. 1시간 이상 망설이는 사람은 하루를 망설이고 한 달이 지나도, 1년이 지나도 망설이기만 한다. 평생을 망설이면서 보낸다."

삶에서 가장 파괴적인 단어는 '나중'이고, 인생에서 가장 생산적인 단어는 '지금'이다. 실패하고 불행한 사람은 '내일' 하겠다고 말하고, 성공하고 행복한 사람은 '오늘' 실천한다. 그러므로 '나중'과 '내일'은 패자들의 단어이고, '지금'과 '오늘'은 승자들의 단어다.

실패한 사람들은 '언젠가 질환someday sickness'을 앓고 있고, 성공한 사람들은 '속전속결의 습관'을 가지고 있다. 언젠가 한 학생이 물었다. "교수님, 저도 아침형 인간으로 살고 싶은데 아침에 일찍 일어나려면 어떻게 해야 하나요?" 나는 짧게 대답했다. "간단하다. 그냥 벌떡 일어나면 된다!"

새해 첫날이 되어야 수호천사가 내려오는 것도 아니고 생일날이 되어야만 마법 같은 일이 일어나는 것도 아니다. 새로운 시작에 완벽한 타이밍이란 없다. 그러니 이왕 하기로 했으면 미루지 말고 '당장' 해치우자.

미국인으로서는 최초로 노벨 문학상을 받은 싱클레어 루이스가 하버드 대학에 글쓰기 특강을 하러 갔을 때의 일화다. 그는 학생들에게 작가가 되고 싶은 사람은 손을 들어보라고 했다. 모든 학생이 손을 들자 이렇게 말했다. "그런데 왜 여기들 앉아 있습니까? 얼른 가서 글을 쓰십시오." 이 말을 하고 그는 강의실을 떠났다.

톨스토이는 여행 중 한 주막에 들러 하룻밤을 묵게 되었다. 그 주막에는 병을 앓고 있는 어린 딸이 있었는데 톨스토이의 빨간

가방이 갖고 싶다고 울며 보챘다. 톨스토이는 가방 안에 중요한 짐이 있어 지금은 줄 수 없으니 여행이 끝나면 가방을 가져다주겠다고 약속했다. 얼마 후 가방을 가지고 그 주막에 찾아갔을 때 그 아이는 이미 죽은 뒤였다. 톨스토이는 안타까운 마음으로 아이의 비석에 이렇게 적었다. '사랑을 미루지 마라.'

우리 인생이 5분밖에 남지 않았다면…

● 　　사랑해. 지금 월드트레이드센터에 있는데 이 빌딩이 지금 뭔가에 맞은 것 같아. 내가 여기서 빠져 나갈 수 있을지 모르겠어. 여보, 정말 당신을 사랑해. 살아서 당신을 다시 봤으면 좋겠어. 안녕……. (채권브로커 케네스 밴 오켄이 실종 직전에 남긴 전화 메시지)

● 　　여보! 나 브라이언이야. 내가 탄 비행기가 피랍됐어. 그런데 상황이 아주 안 좋은 것 같아. 여보, 나 당신 사랑하는 거 알지? 당신 다시 볼 수 있게 되면 좋겠어. 만약 그렇게 안 되면……. 여보, 인생 즐겁게 살아. 최선을 다해서 살고……. 어떤 상황에서도 내가 당신 사랑하는 거 알지? 나중에 다시 봐. (승객 브라이언 스위니가 자동응답기를 통해 마지막으로 남긴 전화 메시지)

●　　엄마! 이 건물이 불길에 휩싸였어. 벽으로 막 연기가 들어오고 있어. 도저히 숨을 쉴 수가 없어. 엄마, 사랑해. 안녕……. (월드트레이드센터에 갇혔던 베로니크 바워가 마지막으로 한 통화 내용)

2001년 9월 11일, 9·11테러 사건……. 몇 분 후 죽는다는 사실을 알게 된 다급한 상황에서 사랑하는 사람들에게 마지막으로 남긴 메시지들이다.

5월 8일 어버이날을 즈음해 한 구인구직 포털사이트에서 대학생 644명을 대상으로 '부모님께 드리기 가장 어려운 말'을 주제로 설문 조사한 결과, 남녀 공동 1위가 '사랑해요'(33%)였다. 우리는 가족이 베푼 사랑에 대해 고마움을 느끼면서도 그것을 당연하게 여기고 표현하지 않는다. 가족은 붙박이처럼 늘 거기 있을 거라고 생각하기 때문이다. 가족에 대한 태도를 바꾸는 가장 좋은 방법은 가끔 마지막이라는 생각으로 가족을 바라보는 것이다.

죽음에 대한 직면은 삶의 유한성에 대한 자각을 증가시켜 세상과 삶에 대한 조망에 급진적인 변화를 일으킨다. 그동안 집착했던 부질없는 것에 대한 미련을 버리고, 그동안 받아온 축복을 돌아보고 자연 환경을 새롭게 자각하게 된다. 당연하게 여겼던 일에 감사하고 그동안 소홀히 했던 소중한 사람에게 선택과 집중을 하게 된다.

만일 우리 인생이 단지 5분밖에 남지 않았다는 사실을 안다면 우리 모두는 휴대전화를 꺼내 소중한 사람들에게 전화를 걸어 더듬거리며 '사랑한다'고 말할 것이다. 아프리카에 이런 속담이 있다. "나무를 심기에 가장 좋은 때는 20년 전이었다. 그다음으로 좋은 때는 바로 지금이다." 오래전에 했어야 할 말, 하지만 지금까지 표현하지 못했던 말은 무엇인가? 삶이 5분밖에 남지 않았다면 그대는 지금 누구에게 무슨 말을 하겠는가? 후회는 아무리 빨라도 늦지만, 실천은 아무리 늦어도 빠르다.

바라는 바를 얻으려면
뜨겁게 달궈진
'지금' 두드려라...

'나중'은 차갑게 굳어버려 원하는 바를 얻을 수 없다...

08. 즉시실천
결심했으면 즉시 실행하라!

속도는 차별화의 가장 효과적인 수단이고 우위선점의 확실한 보장이다. 일어날
까 말까 할 때는 벌떡 일어나고, 할까 말까 할 때는 즉시 시작하라. '나중'은 패자
의 단어이고 '지금'은 승자의 단어다. 머뭇거리지 말고 즉시 시작하라!

어차피 먹어야 할 개구리라면…

어차피 먹어야 할 개구리라면 괜히 오랫동안 쳐다보지만 말고 부담스러운 개구리부터 먹어라. 정말 멋지고 재미있는 비유다. 나도 항상 계획을 짜지만 제대로 실천하는 것이 없고 머릿속은 복잡한데 뭐하나 해내는 게 없다. 아침에 출근해 책상 앞에 앉으면 발등에 불이 떨어진 일부터 10년 후 내 미래를 위해서 해야 할 일까지 '실천'해야 할 많은 일들이 나를 기다리고 있다. 모두 삼키기 부담스러운 개구리들이다. 하지만 나는 중요한 일을 피하기 위해 중요하지 않은 일을 한다. 커피를 마시고, 포털사이트에서 뉴스를 검색해보고……. 그러면 개구리들은 다시 내 옆에서 왔다 갔다 한다. 패자의 단어는 나중이고, 승자의 단어는 오늘이라는 글을 읽고 지난주부터 어차피 먹어야 할 개구리라면 큰 것부터 삼키기로 했다. 요즘은 훗날 무언가 되기위해서는 지금 무언가를 해야 한다는 사실을 깨닫고 날마다 실천하고 있다. 출근하면 뜸들이지 않고 곧바로 메모지에 '오늘 할 일 세 가지'를 적는다. 그리고 그중 하나를 정해 오른쪽에 표시하고 곧바로 그 일을 시작한다. 그러다 보면 또 다른 일을 바로 이어서 하게 된다. 지금당장 실천하기, 어찌 보면 작은 일 같지만 그 작은 일이 내 인생에 얼마나 큰일로 이어질지는 아무도 모른다.

I can do it!

아버지에 대한 사랑을 노래로 표현해보니…

철이 들고 나서 부모님에게 사랑한다는 표현을 한 번도 해본 적이 없다. 나 자신이 너무 부끄러워졌다. 해야 할 일이 있다면 더 미루지 말고 지금, 당장 해야 한다고 생각했다. 그래서 이번 아버지 생신에는 반드시 나의 사랑을 표현해보기로 했다. 나는 노래를 좋아하니까 좋아하는 음악으로 표현해보기로 했고 인순이의 '아버지'라는 곡을 연습해서 사랑한다는 메시지와 함께 동영상으로 찍어 보여드리기로 했다. 평소에 아버지와 터놓고 자주 대화를 나누지 않던 터라 많이 쑥스러웠지만, 노래방에서 열심히 연습해서 지난주에 스마트폰으로 직접 동영상을 찍고 아버지에게 보여드렸다. 동영상을 보신 아버지는 고맙다고 하셨지만 큰 감동의 표현은 하지 않으셨다. 아마 아버지도 표현하는 게 쑥스러워서 대놓고 표현하지 못하신 것 같다. 아니면 내 노래 실력이 부족했기 때문일 수도 있고.^^ 하지만 이렇게 이벤트를 하고 난 후에는 아버지에게 평소보다 더 잘하게 되고, 아버지도 표현은 안 하시지만 이전보다 훨씬 더 자상하게 잘해주시는 것 같아 뿌듯하다. 이번 일을 통해 어떤 일을 하건 완벽을 기하기보다 부족해도 즉각 실천하는 것이 완벽에 다가서는 더 효율적인 방법이라는 것을 깨달았다.

Why not me?

지금 할 수 있는 것을 지금 하라.
그러면 다음 일을 하기가 수월할 것이다.
첫발을 내딛으면 그다음 걸음은 쉽게 뗄 수 있다.

— 사야도 우 조티카의 《마음의 지도》 중에서

Q

그동안 미루고 있던 중요한 일은 무엇이며, 오늘 밤 12시가 넘어가기 전에 실천할 일은 무엇인가?

A

미루고 있던 중요한 일 :

오늘 밤 12시가 넘어가기 전에 실천할 일 :

남자 울렁증?
세 번의 실험으로
극복!

한 번도 실수를 해보지 않은 사람은
한 번도 새로운 것을 시도한 적이 없는 사람이다.
– 아인슈타인

저는 어릴 때부터 낯가림이 매우 심한 편이었습니다. 길에서는 땅만 보고 걷기 일쑤고, 친한 사람이 아니면 어쩌다 마주치는 사람에게 인사하는 일은 거의 없었습니다. 가장 난처한 곳은 엘리베이터 안이었습니다. 다른 사람이 타면 눈길을 어디에 두어야 할지 당황하는 일이 많았습니다. 15층에 사는 저는 엘리베이터를 타는 시간이 긴 편이라 더욱 곤혹스러웠습니다. 거울을 보거나, 휴대전화에 얼굴을 파묻거나, 하염없이 층수를 확인하곤 했습니다. 그러다 보니 엘리베이터 타는 게 불편해서 계단으로 걸어 다녀봤지만 너무 힘들어서 포기했습니다.

오늘의 나 "안녕하세요!" "어, 15층 학생이네? 공부하느라 힘들지? 쉬엄쉬엄 해. 잘 가." 13층 아주머니는 매번 아는 척을 해주십니다. 10층에 사는 일곱 살 쌍둥이들도 절 보면 반갑게 아는 척을 합니다. 16층 아저씨는 아이들이 너무 뛰어서 미안하다며 부모님께도 죄송하다고 전해달라고 하셨습니다. 엄마는 "아들! 너는 엄마보다 아파트에서 더 유명한 인사더라. 다들 우리 아들 칭찬이네?" 하며 웃으십니다. 내성적인 성격을 고쳐보기 위해 실험정신을 발휘해 엘리베이터에서 인사를 하기 시작했을 뿐인데, 하루하루가 즐거워졌고 친구나 선생님들과도 사이가 좋아졌습니다.

실패란 단지 다시 시도해보라는 뜻

"Fail이 뭔지나 알고 좋아하는 거냐?"

"실패라는 말이죠."

"그런데 왜 좋아해?"

"다시 해보라는 뜻이잖아요!"

컴퓨터 게임에서 지고 Fail이라는 단어가 화면에 떴는데 오히려 좋아하는 초등학생 아들과 이 모습을 지켜본 아빠와의 대화다. 이 이야기를 통해 게임에서는 한 번 지면 다시 할 수 있는 기회가 여러 번 주어진다는 사실을 알게 되었다. 한 번 실패하면 게임을 끝내야 하는 게 아니라, 적어도 네다섯 번의 새로운 기회가 다시 생기니 게임을 즐기게 되는 것 같다.

어른에게 실패는 좌절, 끝이라는 느낌이 강하다. 하지만 아이들에게는 게임에서의 실패가 또 다른 시도를 할 수 있는 기회일 뿐 전혀 '끝'이 아니었다. 사람은 누구나 크고 작은 일로 실패한다. 그런데 어떤 사람은 그 실패 때문에 좌절하고 어떤 사람은 몇 번의 실패에도 다시 도전해서 성공한다. 그들은 실패를 단지 다시 시작하면 되는 실험일 뿐이라고 생각한다.

'친해지고 싶은 사람이 있는데, 고백하고 싶은 이성이 있는데, 환불을 받고 싶은데, 설득할 사람이 생겼는데…….' '망신만 당할 거야.' '괜한 짓이야.' '그 사람은 요지부동이라 절대로 안 돼.' 이런 생각이 들 때 그냥 포기하지 말고 그 상황을 실험이라고 생각하자. 상황을 유심히 관찰하고 데이터를 수집하고, 가설을 세워 실험을 시도하자. 거절당하더라도 말을 걸어보고 도움을 요청하자.

실패란 가설이 틀렸다는 것을 증명한 실험일 뿐

1093개의 미국 특허를 가지고 있어 발명왕으로 불리는 에디슨. 나는 그가 만들어낸 발명품 중에서 가장 훌륭한 발명품은 그의 실험정신이라고 생각한다. 그는 발명품을 만들 때뿐 아니라 자신이 직면한 모든 일상의 문제를 실험 대상으로 생각하면서, 그 문제를 해결하기 위한 의도적인 시도를 모두 실험으로 규정했다.

예를 들자면, 고질적인 소화불량에 시달리던 에디슨은 1885년 7월 13일 일기에 이렇게 썼다. "소화불량의 고통을 덜 수 있을까 하는 생각에 사무실까지 3km를 걸어가는 실험을 했다." 소화불량에 대한 그의 실험은 과연 효과가 있었을까? 모든 실험은 반드시 결과를 기록해놓아야 한다고 생각한 에디슨은 이 실험 결과에 대해서도 간결하게 적어놓았다. "효과가 전혀 없었다."

에디슨에게 '그 실험'은 실패였을까? 아니다. 그는 그렇게 생각하지 않았다. 그 실험을 통해 그는 자신의 가설이 틀렸다는 사실을 확인하고 오래 걷는 것은 소화불량 치료에 별 도움이 되지 않는다는 사실을 확인했다.

얼마 후에 에디슨은 또 다른 실험을 한다. 그는 G부인이 효과가 있다고 일러준 '블루껌'의 가설에 도전했다. 즉 "이런 끝없는 가소성을 지닌 덩어리를 씹으면 침 분비기관이 소화효소를 충분히 만들어내서 소화불량 치료 효과를 발휘할 것이다"라는 가설을 실험으로 검증해보기로 했다. 걷기 실험처럼 에디슨은 이 실험 결과 역시 기록해놓았다. 그는 다소 진지한 어조로 이렇게 적었다. "이 껌에는 소화불량의 고통을 덜어주는 무언가가 있다."

에디슨은 일상의 모든 문제를 실험 대상으로 생각하고, 실험에 실패했을 때도 그것은 단지 가설이 틀렸다는 사실을 검증한 실험일 뿐이라고 생각했다. 해결해야 할 문제가 생겼을 때 의식적으로 그 상황을 실험 대상이라고 규정하면 우리에게는 몇 가지 변화가 일어난다.

첫째, 실패 가능성을 인정하고 시작하기 때문에 부담이 적고 도전하기가 쉬워진다.

둘째, 실패했을 때도 단지 가설이 틀렸다는 것을 검증한 실험일 뿐이라고 생각하면 스트레스를 덜 받는다.

셋째, 새로운 가설에 대한 탐색 과정을 통해 더 효과적인 해결책을 찾아낼 수 있다.

100명의 여자에게 거절당한 최고의 심리학자

어릴 때부터 내성적이고 수줍음이 많아 대인공포증이 심하고, 특히 여성에 대한 대인불안이 심했던 19세의 남자 대학생이 어느 날 한 달 안에 100명의 여성에게 데이트 신청을 하는 모험 시도 프로젝트에 참여한다. 겨우겨우 어렵게 여자들에게 말을 걸었지만 100명 중 한 명의 여학생만이 데이트에 응하겠다고 대답했다. 하지만 그 한 명조차도 약속 장소에 나타나지 않았다. 외관상으로는 100% 완전한 실패였다.

하지만 그는 이 실험을 계기로 크게 성공했다. 이 경험을 통해 대인공포증에서 벗어날 수 있었을 뿐 아니라 훗날 직면치료를 통한 수줍음 극복 프로그램을 개발하고 대중 강연의 명강사가 되었다. 그뿐만이 아니라 미국 심리학회에서 가장 영향력 있는 심리학자로 선정되기도 했다. 그가 바로 '합리적 정서행동 치료'의 창시자, 앨버트 엘리스 박사다.

엘리스 박사는 훗날 100명의 여자들로부터 거절당했을 때 좌절감에 빠진 대신, 그 일을 통해 수줍음을 극복할 수 있었으며 그 실험을 통해 다음과 같은 내용을 깨달았다고 회고했다.

첫째, 가치 있는 일에 행동으로 도전하지 못한다면 지금까지 살아온 방식대로 살 수밖에 없다는 것(태도의 변화)을 깨달았다.

둘째, 칭찬이나 보상과 같은 외적인 강화가 없더라도 실험정신을 가지고 시도하다 보면(행동의 변화) 시도했다는 성취감을 느끼게 되어 행동 변화가 일어난다.

그는 비록 100명의 여자에게 거절당하긴 했지만, 이 실험을 통해 수줍음 극복 훈련shame attack exercise 이라는 치료 프로그램을 만들어 변화를 원하는 많은 사람들을 도와줄 수 있었고, 나아가 이 분야 최고의 심리학자가 되었다.

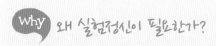

영업에 맞는 체질이 따로 있을까?

독자 한 분이 이런 고민을 메일로 보내왔다.

교수님, 저는 원래 좀 내성적이고 사람들과 바로 친해지지
못하는 성격입니다. 그런데 어쩌다 보니 영업 일을 하게 되
었습니다. 처음 들어서는 곳에서는 쭈뼛쭈뼛 서 있다가 그
냥 나온 적이 얼마나 많은지 모릅니다. '우린 필요 없다'고
바로 거절을 당하고 나면 그날은 아무데도 가지 못할 만큼
위축되곤 합니다. 영업을 잘하기 위한 강의도 많이 듣고 있
습니다. 제가 영업을 잘하려면 어떻게 해야 할까요? 조언
부탁드립니다.

이런 고민을 하는 분이 의외로 많다. 나는 우선 모르는 사람에게 인사하는 연습부터 해보라고 했다. 엘리베이터에서, 또는 처음 방문한 사무실에 들어설 때 먼저 웃으면서 인사하는 연습을 권했다. 그리고 무시당하거나 거절당하더라도 계속해서 인사해보라고 했다. 그러면서 언제쯤 처음으로 눈을 맞춰주는지, 인사를 받아주는지, 말을 들어주는지 그냥 실험이라고 생각하면서 시도해보라고 조언했다. 그리고 한 달 후에 메일을 다시 한 번 보내달라고 했다. 그러자 그에게서 이런 답장이 왔다.

교수님의 조언을 듣고 시도했습니다. 인사를 해도 여전히 외면당한 적이 훨씬 많고, 때로는 좀 이상한 사람 아닌가 하는 눈빛이 돌아오기도 했습니다. 하지만 이런저런 가설을 세워 그 가설을 검증하는 실험이라 생각하면서 시도해보니 마음이 불편하거나 기분이 나쁘지 않았습니다. 겨우 한 달인데 이제는 저를 알아보고 같이 인사해주는 분들이 생겼습니다. 어쩌면 저도 영업을 아주 잘하는 사람이 될 수 있을 것 같습니다.

어제와 다른 내일을 살고 싶다면…

달라지고 싶다면서 변화를 시도하는 사람은 많다. 하지만 대부분은 도중에 포기한다. 성공한 사람은 실패한 사람들이 하기 싫어하는 일, 중도에서 포기한 일을 해내는 사람들이다. 그들로 하여금 하기 싫은 일과 포기하고 싶은 일을 하고 싶게 해주는 것이 바로 실험정신이다. 실험정신을 기를 수 있는 한 가지 방법은 정기적으로 '실험의 날'을 정해 반복되는 일상의 패턴에서 벗어나는 것이다.

《머리가 좋아지는 하루 습관》의 저자인 일본의 의사 요네야마 기미히로 박사는 뇌를 젊게 유지하려면 매일 새로운 시도를 하는 것이 좋다고 말한다. 그는 매일 아침에 일어나서 가장 먼저 하는 일이나 출근하는 길을 조금씩 다르게 바꿔보라고 제안한다. 매일 같은 식당에서 점심을 먹기보다는 다른 식당에서 다른 메뉴를 다른 사람들과 먹어보라고 권한다. 뇌에 매일 다른 자극을 주는 것이 뇌의 노화를 방지하면서 젊게 사는 비결이라고 말한다.

늘 하던 대로 하면 늘 얻던 것만 얻게 된다. 남과 똑같이 하면서 남다른 삶을 살 수 없고, 어제와 똑같이 오늘을 살면서 오늘과 다른 내일을 살 수는 없다. 남다른 삶을 살고 싶다면 남다르게 행동해야 하고, 오늘과 다른 내일을 살고 싶다면 어제와 다른 오늘을 살아야 한다.

한 달에 한 번이든 일주일에 한 번이든 '실험의 날'을 정해 평소 하던 일 중 한 가지만 골라 평소와 다른 방식으로 시도해보자. 평소 일어나자마자 신문을 보고 퇴근하자마자 TV를 시청했다면, 그날 하루는 신문을 보지 말고 TV를 켜지 말자. 엘리베이터에서 만나는 이웃에게 먼저 인사를 해보자. 인생은 실험의 연속이다. 하루 한 가지씩만 시도하자.

One Day! One Experiment!

접는다...

시도조차 하지 않으면 그냥 '백지'에 불과하기에...

09. 실험정신
실패를 각오하고, 실험정신으로 도전하라!

실패란, 가설이 틀렸다는 것을 증명한 실험일 뿐이다. 변화해야 할 일을 실험이라고 생각하면 도전이 즐겁다. 하던 대로 하게 되면 얻던 것만 얻게 되고 같은 방법을 반복하면서 다른 결과를 얻을 수는 없다. 다른 것을 원한다면 다르게 시도하라!

실험의 일석이조 – 울렁증 극복과 남자 심리 파악

에디슨의 실험정신, 너무나도 흥미롭다. 나는 소개팅에 울렁증이 있어서 억지로 나간 소개팅에서 체한 적도 있다. '상대가 나를 싫어하면 어쩌지?', '주선자가 나 때문에 난처해지면 어떻게 하지?' 등등의 괜한 걱정을 한다. 실험정신을 갖고 나의 고질적인 문제를 해결해보기로 했다. 첫 번째 실험에서는 데이트 비용을 내가 50%, 남자가 50%를 지불했다. 두 번째 실험에서는 내가 100% 다 지불했다. 세 번째 실험에서는 계산할 때 살짝 피하면서 남자가 100% 지불하게 만들었다. 배필을 만나기 위해서가 아니라 단지 실험을 위한 만남이라고 생각했기 때문에 소개팅에서 체하지도 않았고 오히려 유쾌한 대화를 나눌 수 있었다. 단 세 번의 실험으로 소개팅 울렁증은 깨끗이 사라졌다. 부수적인 실험 결과도 너무 신기했다. 남자는 여자 쪽에서 100% 지불하는 경우 소극적으로 나왔고 만남이 이어지지도 않았다. 반대로 가장 적극적으로 대시를 했던 경우는 남자가 100% 지불한 케이스였다. 나를 양체 같은 여자로 볼 줄 알았는데 오히려 그다음 만남에서도 본인이 좋아하는 식당을 미리 예약하고 더 친절했다. 울렁증 극복과 함께 남자의 심리를 이해할 수 있게 된 멋진 실험이었다. 그렇다고 앞으로 데이트 비용을 모두 남자에게 지우는 양체가 될 생각은 없다.

거실에서 TV를 치웠더니…

TV를 보는 시간이 너무 많다. 거실의 TV를 없애고 큰 칠판을 세워두기로 했다. 주변 사람들이 "집에 텔레비전이 없다니, 말이 되냐?", "퇴근하고 집에 돌아오면 심심할 텐데……" 등등의 반응을 보였지만, 그래도 우리는 실험에 착수했다. TV를 치운 후의 득실을 비교해보자. 첫째, 시간이 남아돈다. 그래서 그 시간에 중요한 일을 더 많이 할 수 있다. 예전에는 집에 오자마자 TV를 틀고 그 앞에 앉아 재미가 없어도 멍때리면서 계속 보았다. 그러면 하루 종일 아무것도 한 것 없이 밤이 되었고 남는 것도 없이 수면 시간만 줄어든다. 둘째, 자극적인 뉴스와 정보를 접하지 않아 마음이 고요해진다. 뉴스에서는 꼭 알지 않아도 되는 자극적인 뉴스가 많다. 셋째, TV를 많이 보면 광고에 너무 노출되어 물건을 별생각 없이 사게 되는 경우가 많다. 하지만 지금은 객관적으로 물건의 질과 가격을 따져서 구입한다. 넷째, 우리는 지금 TV수신료를 내지 않는다. 그리고 TV와 관련된 비용이 전혀 들어가지 않기 때문에 나름대로 돈이 많이 절약된다. 거실에서 겨우 TV 하나 치우는 실험을 했을 뿐인데 우리 부부의 삶이 이전보다 훨씬 더 풍요로워졌다.

why not me?

늘 하던 것만 하면, 늘 얻던 것만 얻는다.

– 프랜시스 베이컨

Q

지금까지와 다른 삶을 살고 싶다면, 지금까지와 다르게 행동해야 한다.

실험정신을 가지고 새롭게 시도할 일 한 가지를 찾아보자. 새롭게 시도했을

때 일어날 수 있는 긍정적인 변화들은 무엇인가?

A

새롭게 시도할 일 :

긍정적인 변화 :

영리한 토끼가
굴을 3개나 파는
이유

사전일책(事前一策)이
사후백책(事後百策)보다 낫다.
― 기타가타 젠지

어제의 나 독서의 중요성을 오래전부터 깨닫고 새해가 되면 '일주일에 책 1권 읽기', '1년에 50권 읽기' 등 매번 독서 계획을 세웠지만 번번이 실패했습니다. 결심을 실천하지 못한 데는 그럴듯한 이유가 있었습니다. 점점 바빠져 편안하게 독서할 수 있는 시간을 내기가 어려웠습니다. 지하철이나 은행에서 책을 읽을 수도 있는데, 그럴 때는 막상 책이 곁에 없기 때문에 읽을 수가 없었습니다. 낮에 읽지 못하면 저녁에 책을 읽겠다고 생각하지만, 피곤해서 읽기가 어렵습니다. 시간이 나도 책을 읽기 싫어질 때도 있습니다.

오늘의 나 요즘은 어떤 일이 있어도 매일 10분 이상 책을 읽고 있습니다. 이것이 가능하게 된 데에는 플랜-B를 만들어두었기 때문입니다. 일이 많아서 책 읽을 시간을 따로 내기가 어려운 날은 쉬는 시간이나 이동 시간 같은 자투리 시간을 이용해서 책을 읽고 있습니다. 어딜 가든 항상 책을 갖고 다니기 때문입니다. 너무 피곤한 날에는 잠들기 전에 단 5분이라도 책을 펼칩니다. 침대 머리맡에 책이 있기 때문입니다. 책을 읽기 싫은 날에는 어떻게 하냐고요? 그런 날은 읽고 싶은 책에 대한 리뷰를 스마트폰으로 읽습니다. 책에서 하루라도 눈을 떼면 그다음 날도 읽기 싫어질 가능성이 높거든요.

대책 없는 낙관주의를 경계하라

성공하고 행복하려면 부정적인 생각을 버리고, 무조건 긍정적으로 생각해야 한다고 주장하는 사람이 많다. 하지만 대책 없는 낙관주의는 오히려 득보다 해가 되는 경우가 더 많다. 베트남 전쟁 때 7년 6개월이나 포로 수용소에 갇혀 있다가 풀려난 스톡데일 제독에게 《좋은 기업을 넘어서 위대한 기업으로》의 저자 짐 콜린스가 물었다. "그런 끔찍한 상황에서 살아남지 못한 사람들의 특성이 무엇일까요?" 그는 예상외로 이렇게 대답했다.

"지나치게 낙관적인 사람들이었습니다. 그들은 크리스마스 전에는 나갈 수 있을 거라고 믿다가 크리스마스가 지나면 부활절이 되기 전에는 석방될 거라고 믿습니다. 그리고 부활절이 지나면 추수감사절 전에는 나가게 될 거라고 또 믿지만 다시 크리스마스를 맞게 됩니다. 그러면서 반복되는 절망감으로 인해 결국 죽게 됩니다."

나치의 수용소에서 천신만고 끝에 살아남은 빅터 프랭클도 이렇게 목격담을 적고 있다.

한 작곡가가 희망찬 얼굴로 이렇게 말했다. "한 달 후면 모든 게 끝날 거야. 꿈을 꿨는데 3월 30일에 독일군이 항복하게 되거든." 하지만 3월 30일이 되었지만 모든 것은 그대로였다. 시름시름 앓던 그 작곡가는 1945년 3월 31일에 숨을 거두었다.

막연한 낙관주의는 상식과 다르게 오히려 더 나쁜 결과를 초래할 수 있는데, 이를 스톡데일 패러독스stockdale paradox 라고 한다. 살아남으려면 언젠가 결국은 풀려날 것이라는 희망을 갖는 낙관적인 생각과 함께 풀려나지 못할 수도 있다는 비관적인 생각도 할 수 있어야 한다. 그래야 피할 수 없는 끔찍한 현실을 받아들이고, 위험 상황을 예상하고 대처할 수 있는 힘을 기를 수 있기 때문이다.

스톡데일 패러독스는 '상황이 아무리 힘난할지라도 그 상황을 낙관적으로 바라볼 수 있어야 한다. 그와 동시에 가능한 위험 사태를 비관적으로 예상하고 이에 대한 백업플랜을 준비해야 한다'는 교훈을 준다. 성공하는 개인과 조직은 공통적으로 스톡데일 패러독스의 이중 전략을 구사한다. 지나치게 비관적인 것은 문제가 된다. 하지만 대책 없는 낙관은 더 큰 재앙이 된다.

비장한 각오보다 액션플랜을 준비하라

새해가 된다고 갑자기 슈퍼맨이 되는 것도 아니고 원더우먼이 되는 것도 아닌데 많은 사람들이 새해 결심을 한다. 실제로한 취업 포털사이트에서 직장인 1044명을 대상으로 설문 조사를 실시한 결과, 직장인의 89.3%가 새해가 되면 신년 목표를 세운다고 답했다. 하지만 신년 계획의 대부분은 작심삼일로 끝나거나 용두사미로 흐지부지된다. 2014년 취업 포털 리쿠르트에서 직장인 508명을 대상으로 신년 계획의 실천 여부를 물은 결과, 응답자의 62.6%가 1개월 내에 중도 포기했다고 답했다. 더심각한 것은 5명 중 1명(18.9%)은 작심삼일은커녕 시작조차 못했다고 답했다. 그리고 중도 포기한 이유 1위로 자신의 '의지박약'(62.4%)을 꼽았다.

작심삼일의 원인이 정말 의지박약 때문일까? 아니다. 진짜 중요한 이유는 다른 데 있다. 결심을 실천해서 성과를 만들어내려면 반드시 두 가지 심리적 과정이 필요하다.

첫째, 목표를 정해야 한다. 이것을 목표 의도 또는 결심이라고한다. 둘째, 목표를 달성하기 위한 실행 경로를 찾아내야 한다.이를 실행 의도 또는 액션플랜이라고 한다.

결심을 중도 포기하는 사람들에게는 한 가지 공통점이 있다. 결심을 하고 목표를 세우기는 하지만 그 결심이나 목표에 대한 구체적이고 효과적인 달성 경로, 즉 액션플랜이 없다는 것이다. 예를 들어 살을 빼서 날씬해지고 싶은 소망이 아무리 강해도 자신에게 맞는 구체적이고 효과적인 체중 조절 방법을 찾아내지 못한다면 중도에 포기할 수밖에 없다.

독일 콘스탄츠 대학 골비처 박사는 두 집단의 대학생들을 대상으로 작심삼일의 중요한 원인이 액션플랜의 부재 때문이라는 사실을 실험으로 검증했다.

한 집단에게는 연휴 기간 중에 반드시 실천하고 싶은 결심 한 가지를 하게 했다(목표 의도/결심 집단). 또 한 집단에게는 결심을 하고 그 결심을 언제 어디서 어떻게 실천할지, 그 실천 과정을 생각해보게 했다(실행 의도/액션플랜 집단). 실험 결과, 결심만 했던 집단은 단지 22%만 실천했지만, 실행 시나리오를 상상해본 액션플랜 집단은 무려 62%나 실천했다. 실천 과정을 상상하는 것, 즉 액션플랜을 만들어보는 것만으로도 성공률을 3배나 높일 수 있다.

이 간단한 실험을 통해 우리가 배울 수 있는 교훈은 무엇일까? 결심을 하고 난 다음에 결심을 실천하는 과정을 상상하는 것만으로도 성공률을 현저하게 높일 수 있다는 것이다.

액션플랜을 만드는 것은 의외로 쉽다. 결심이나 목표를 'if~then' 가정문으로 바꾸면 된다. 예를 들어 아침 운동을 하기로 결심하는 경우, 'if : 알람이 울리면 ~ then : 벌떡 일어나서 운동화를 신고 골목을 한 바퀴 돈다'라고 구체적인 과정을 상상하면 된다. 다이어트에 성공하고 싶다면 '반드시 살을 빼겠다'는 결심만으로는 부족하다. 살을 뺄 수 있는 효과적인 액션플랜을 준비해야 한다.

액션플랜만으론 부족하다, 백업플랜을 준비하라

아침 운동을 하려고 했는데 비가 오는 바람에, 학원에 가려고 했는데 친구가 실연을 당했다며 한잔하자고 해서, 금연 잘 지켜왔는데 부부싸움 끝에…… 살다 보면 아무리 비장한 결심을 해도, 아무리 멋진 액션플랜을 마련해놓아도, 이따금씩 예상치 못한 돌발 사태가 발생하여 우리의 의지를 꺾는다. 헬스 한 번 빠진 것이 계기가 되어 운동 결심이 작심삼일로 끝나고, 밤에 먹은 라면 한 그릇 때문에 다이어트 결심이 도로아미타불로 끝난다. 술에 취해 끊었던 담배 한 개비를 입에 댄 다음 '그럼 그렇지' 하고 자포자기하면서 다시 흡연자가 된다.

반면 성공하는 사람은 다르다. 그들은 무엇을 결심하건 가능한 돌발 사태를 모두 예상해본다. 그리고 그에 대한 대비책을 준비하여 핑계를 사전에 차단한다. 컴퓨터 전문가들은 돌발 사태로 인한 데이터 상실을 방지하기 위해 항상 백업 시스템을 마련해둔다. 결심을 실천하는 과정에서도 이처럼 돌발 사태에 대한 대비책이 필요한데, 이를 백업플랜(back-up plan 또는 플랜-B)이라고 한다.

새벽에 조깅을 하려고 했는데 비가 온다면? 공부하려고 했는데 친구가 술을 마시자고 한다면? 화가 치밀어 끊었던 담배가 피우고 싶어진다면? 결심을 방해할 수 있는 이런 돌발 사태를 미리 예상해보기만 해도 결심을 끝까지 실천할 가능성이 현저하게 높아진다. 그에 대한 대비책을 찾아내기 때문이다.

결심 + 액션플랜 + 백업플랜

사례1 결심

매일 1시간 운동하기

➡ 시작도 못하고 포기할 가능성이 많다.

사례2 결심 + 액션플랜

매일 1시간 운동하기 + if : 눈을 뜨면 ~ then : 벌떡 일어나서 1시간씩 조깅을 한다.

➡ 시작은 하지만 용두사미로 흐지부지될 가능성이 있다.

사례3 결심 + 액션플랜 + 백업플랜

매일 1시간 운동하기 + if : 눈을 뜨면~ then : 벌떡 일어나서 1시간씩 조깅을 한다 + if : 비가 오면 ~ then : 조깅 대신 계단을 이용해서 운동한다.

➡ 결심을 하면 끝까지 실천해서 목표를 달성할 가능성이 가장 높다.

영리한 토끼와 정복자 나폴레옹의 공통점

최고의 경영자, 전쟁을 승리로 이끄는 장수, 위대한 정치가는 어떤 면에서 보면 모두 지독한 겁쟁이다. 그들은 추진하는 일에서 상상할 수 있는 모든 나쁜 상황을 예상하고 이에 대한 백업플랜을 마련해둔다. 누구보다 용맹무쌍했던 정복자 나폴레옹도 이렇게 말했다. "작전을 세울 때 나는 세상에 둘도 없는 겁쟁이가 된다." 모든 위험 요인을 예상하고 이에 대비하지 못하면 전쟁에서 절대 승리할 수 없기 때문이다.

위대한 사람들뿐 아니라 한낱 동물인 토끼나 식물도 생존하기 위해 나름대로 최악의 상황을 대비한 백업플랜을 마련한다. 교토삼굴(狡兎三窟)이란 영리한 토끼는 죽음을 피하기 위해 굴을 3개씩 판다는 뜻으로, 토끼들조차도 예기치 못한 위기를 피하기 위해 항상 사전에 대비책을 준비한다는 말이다.

식물도 생존을 위한 백업플랜을 가지고 있는 종(種)이 많은데, 혹쐐기풀도 그중 하나다. 혹쐐기풀은 꽃을 피우고 열매를 맺어 번식하기도 하지만, 꽃을 피우거나 열매를 맺을 수 없는 악조건에서는 유전자를 이어가기 위해 잎겨드랑이에 아주 작은 감자 모양의 '주아'라는 싹을 만든다. 이것이 땅에 떨어지면 싹이 터서 어미풀과 같은 식물로 자란다.

돌발 사태를 예상하지 못한 낙관적인 플랜-A는 대부분 실패한다. 최적의 조건만을 전제한 탓이다. 반드시 실천하고 싶다면 실천을 방해하는 돌발 사태에 대한 대비책, 플랜-B를 마련해야 한다. 플랜-B는 하나에 그치면 안 된다. 가능한 모든 돌발 상황을 고려하여 플랜-C, 플랜-D, 플랜-E……를 만들어두어야 한다.

 왜 백업플랜을 준비해야 하는가?

- 삶에는 계획과 무관한 돌발 사태가 자주 발생하기 때문이다.
- 예상하지 못하면 대비책을 준비할 수 없기 때문이다.
- 백업플랜 없는 액션플랜은 무용지물이 될 수 있기 때문이다.

그대의 신년 결심, 안녕하십니까?

여러분의 신년 결심은 무엇이고 그 결심은 지금까지 얼마나 잘 지켜지고 있는가? 혹시 끊었던 담배를 다시 피우는가? 빠졌던 체중이 다시 늘었는가? 그래서 모든 게 물거품이 되고 제자리로 돌아왔다는 생각에 절망감이 들지는 않는가? 하지만 절대로 출발점으로 다시 돌아왔다고 절망하거나 포기하지 말자. 실패하는 일은 이상한 일이 아니고, 실패했다고 처음의 출발점으로 다시 되돌아간 것도 아니다. 여러분은 의식하지 못하겠지만 그만큼 더 나아졌고, 시도를 거듭할수록 그 일은 점점 더 쉬워진다. 심리학자 프로차스카의 연구에 따르면 단 한 번의 결심으로 금연에 성공한 사람은 전체 금연 성공자의 5%에 불과하다. 하지만 금연에 실패했다가 다시 금연을 시도하게 되면 처음으로 금연을 시도한 사람보다 성공할 확률이 무려 200%나 더 높아진다.

어떤 분야든 성공한 사람들은 거듭된 실패에도 재도전을 포기하지 않았기에 그 자리에 섰다. 결심을 실천에 옮겨 성과를 낼 수 있는 제대로 된 액션플랜과 백업플랜을 준비하여 다시 도전하면 지금까지 실패를 거듭했던 사람도 그 자리에 설 수 있다. 인생은 실패할 때 끝나는 것이 아니라 포기할 때 끝나는 것이다.

열쇠를
'하나'가 아닌
여러 개
만드는 까닭은...

돌발 상황에도 포기하지 않기 위한 '사전 준비'다...

10. 백업플랜
돌발 상황을 예상하고 플랜-B를 마련하라!

모퉁이를 돌기 전까지는 거기에 무엇이 기다리고 있는지 아무도 알 수 없다. 하지만 어떤 일이 기다리고 있을지 예상하고 미리 대비책을 마련해둔 사람과 그렇지 못한 사람이 나중에 겪게 될 일은 완전히 다르다. 어떤 변화를 시도하건 백업플랜을 준비하라!

I can do it!

대상포진에 걸렸다는 핑계를 대면서

나는 습관적으로 술을 마시는 아주 못된 버릇을 가지고 있다. 스트레스를 받는다고, 피곤하다고, 심심하다고, 친구들이 불러서, 회식 때문에 등등 수도 없이 많은 이유로 하루가 멀다 하고 술을 마신다. 이직 계획도, 영어 공부도, 자기계발도, 운동도 모두 작심삼일로 끝나는데 그 문제의 중심에는 항상 술이 있다. 절주의 모멘텀을 만들어 자기관리 능력을 기르기 위해 일주일만 금주를 단행해보기로 했다. 그런데 주말에 친구네 집들이가 있어서 술을 마시게 될 가능성이 있으므로 이에 대한 대비책, 백업플랜을 마련했다. 플랜-A, 즉 액션플랜은 집들이에서 절대 술을 마시지 않겠다는 것이다. 플랜-B는 술 마시는 분위기를 낼 수 있지만 실제 알코올 성분이 없는 무알코올 샴페인을 사가는 것이다. 플랜-C는 친구들이 보는 앞에서 대상포진 약이라면서 비타민을 먹는 것이다. 그래도 계속 권하는 사람이 있을 때를 대비하여 플랜-D를 준비했다. 그것은 내가 술을 끊어야 하는 이유를 진심을 담아 설명하고 양해를 구하는 것이다. 그날은 가장 심플한 플랜-C를 사용해서 무사히 금주 결심을 지킬 수 있었다. 대상포진에 걸렸다고 선의의 거짓말을 하면서 비타민을 대상포진 치료제라고 먹으니까 아무도 술을 권하지 않고 자기들끼리 마셨다.

유리 멘탈의 원인 = 백업플랜의 부재

나는 결심하고 실천하는 일이 거의 없어 스스로 '유리 멘탈'이라고 자조했는데 알고 보니 플랜-B가 없는 것이 원인이었다. 백업플랜에 대해 읽고 난 다음 나의 고질적인 작심삼일 습관을 고쳐보기로 했다. 일단 헬스클럽에 등록을 했다. 아니나 다를까, 며칠 후 헬스장에 갔는데 한 달에 한 번 쉬는 날이라 문이 닫혀 있었다. 평소 같으면 운동을 포기했을 텐데 이번만은 플랜-B(산책)를 만들어두었기 때문에 포기할 수가 없었다. 산책로로 들어섰다. 그런데 얼마 걷지 않았는데 비가 오기 시작했다. 역시 예전 같으면 당연히 운동을 포기했을 것이다. 그러나 플랜-C(계단 이용)를 마련해두었기 때문에 아파트 21층까지 다섯 번 올라갔다 내려왔다 하는 것으로 결심했던 운동을 마칠 수 있었다. 돌발 상황에 대한 대비책을 미리 마련해두니 그냥 계획을 세웠을 때보다 든든하고 계획을 훨씬 더 오랫동안 실천할 수 있었다. 또 가능한 모든 상황을 대비했으므로, 예상치 못한 일이 닥친다 해도 쉽게 좌절하거나 당황하지 않고 침착하게 대처할 수 있어서 좋은 것 같다. 앞으로 운동뿐 아니라 다른 계획을 실천할 때도 플랜-B는 큰 버팀목이 되어줄 것 같다.

why not me?

삶은 돌발 상황을 만들어 우리를 방해한다.

– 메리 제인 라이언

Q

실천하고 싶은 작은 결심 한 가지를 찾아보라.

그리고 그 결심을 실천하기 위한 액션플랜과 실천을 방해할 수 있는 돌발 사태 및 그에 대한 백업플랜은 무엇인가?

A

결심: _____

액션플랜	돌발 사태	백업플랜

3장

다시
도전하기

빅토르 위고는
왜
몽땅 벗었을까?

실천력이 뛰어난 사람은
행동에 지대한 영향을 주는 상황의 힘을 무시하지 않는다.
– 스티브 레빈슨

어제의 나 처음에는 친구들이 하니까 호기심에 해봤습니다. 혼자서 하는 게임과 달리 온라인에서 상대를 만나 싸우니 재밌었습니다. 과제를 하려고 컴퓨터를 켰다가 바로 게임을 시작해서 과제를 못 할 때도 많았습니다. 하루에 서너 시간은 기본이고 매일이 게임의 연속이었습니다. 밤을 샌 적도 많습니다. 머릿속에 온통 게임 생각뿐이고 친구들과 만나다가도 게임 생각이 나면 서둘러 집으로 오기도 했습니다. 그리고 날마다 후회를 하지만 컴퓨터를 켜면 일단 게임부터 시작합니다. 어느 게임 중독자가 며칠 연속 게임을 하다가 사망했다는 뉴스를 보고도 여전히 게임을 끊지 못하고 있습니다.

오늘의 나 게임 중독에서 벗어나기 위해 일정 시간이 되면 게임이 종료되는 소프트웨어를 설치했습니다. 처음에는 1시간 정도로 설정했다가 30분으로 줄이고 다시 10분으로 줄이는 방식으로 했습니다. 그다음에는 다시 게임에 접속하면 노트북을 기증하겠다고 블로그에 공개적으로 선언했습니다. 완전히 게임을 끊기 위해 게임 프로그램을 아예 지워버렸습니다. 게임을 할 수 있는 환경을 하나씩 제거하자 게임을 하고 싶은 마음도 점차 사라졌습니다. 더 이상 게임에 빠지지 않기 위해 요즘은 게임 중독자 도우미로 일하고 있습니다.

조금만 더 놀면 안 될까요?

"다음 주부터 시험인데 아직도 게임을 하고 있니?"
"30분만 더 할게요."

"요즘 토플 공부 다시 시작했다며?"
"응. 6개월 후에 승진 시험 있잖아. 너도 빨리 준비하지그래?"
"그러게. 요즘 친구들 모임이 많네. 이번 달은 안 되겠고 다음 달부터 해볼까?"

"애들도 크고 내 집을 빨리 마련해야 하는데……. 그러려면 종자돈을 모아야 할 텐데……."
"지금은 너무 빠듯해서, 대리로 승진하면 그때부터 하려고요."

이번 시험만은 좋은 성적을 올리겠다고 결심해놓고, 승진 시험을 위해 토익 공부를 해야겠다고 생각해놓고, 재테크를 위해 종자돈을 모으겠다고 결심해놓고……. 나짐만 하고 아무것도 실천하지 못하는 사람이 많다.

실천하지 않겠다고 생각하면서 결심하는 사람은 없다. 하지만 공부하려고 하면 게임 화면이 자꾸 떠올라서, 영어 공부를 하려고 하는데 친구에게 연락이 와서, 종자돈을 모아야 하는데 돈 들어갈 데가 자꾸 생겨서…… 등등 핑계가 너무 많다.

실패하는 사람에게는 오만 가지 핑계가 줄을 서서 기다리고 있다. 하지만 실천력이 뛰어난 사람은 다르다. 그들은 유혹에 맞서 진땀을 흘리면서 의지력을 발휘하지 않는다. 대신 상황을 조작하여 퇴로를 차단하고 유혹을 원천봉쇄한다. 공부 못하는 학생은 놀고 난 후에 공부를 하지만, 공부 잘하는 학생은 먼저 공부하고 나중에 논다. 빈자들은 쓰고 난 다음에 남으면 저축을 하지만, 부자가 될 사람은 일단 저축부터 하고 돈이 남으면 쓴다. 성공한 사람은 놀고 싶은 유혹과 지출 가능성을 사전에 차단한다. 단순하게 순서만 바뀐 것 같지만 세월이 흐르면 그들은 완전히 다른 인생을 살게 된다.

옳은 이유로 안 되면 어쩔 수 없는 이유를 동원하라

누군가 창작 활동의 비결이 뭐냐고 질문하자 헤밍웨이는 이렇게 대답했다. "여하튼 매일 정해진 시간에 책상에 앉는 것." 미국

저널리스트 진 파울러는 이렇게 말했다. "글쓰기는 참 쉽다. 백지를 응시하고 앉아 있기만 하면 된다. 이마에 핏방울이 맺힐 때까지." 이 두 사람의 말을 합쳐서 한 문장으로 만들면 이렇게 된다. "글쓰기는 참 쉽다. 여하튼 매일 정해진 시간에 책상에 앉아 이마에 핏방울이 맺힐 때까지 백지를 노려보기만 하면 된다."

그런데 왜 대부분의 사람들은 글을 쓸 수 없을까? 이마에 핏방울이 맺힐 때까지 최선을 다해 책상에 앉아 백지를 노려보지 못하기 때문이다. 그런데 위대한 작가들은 어떻게 글을 쓸 수 있었을까? 그들은 유별나게 의지력이 뛰어났기 때문이라고 생각하는 사람이 많다. 하지만 반드시 그렇지는 않다. 그들은 유혹을 뿌리치기 위해 타고난 의지력을 발휘한 것이 아니라 상황의 힘을 인정하고 그것을 효과적으로 역이용하는 경우가 많았다.

소설 《레미제라블》의 저자이자 19세기 프랑스 최고의 작가로 꼽히는 빅토르 위고는 한동안 방탕한 생활을 하느라 글을 쓰지 못했다. 의지력만으로는 유혹을 뿌리칠 수가 없었다. 어느 날 놀고 싶은 유혹을 뿌리칠 수 있는 지렛대 하나를 찾아냈다. 하인을 데리고 글방으로 가서 자기가 입고 있던 옷을 몽땅 벗어주면서 해가 질 때까지 절대 옷을 가져오지 말라고 명령했다. 글을 쓸 수밖에 없는 상황을 만들어 놓고 싶은 유혹을 차단한 것이다.

박테리아에서부터 인간에 이르기까지 모든 생물체는 자극의 영향을 받는다. 그러므로 우리 자신을 통제하려면 먼저 우리를 통제하고 있는 상황의 힘을 인정하고 그 상황의 힘을 역이용할 수 있어야 한다. 빅토르 위고처럼 환경의 힘을 이용해 어쩔 수 없이 결심을 실천할 수밖에 없도록 자신을 속박하는 방법을 심리학에서는 가두리 기법enclosure technique이라고 한다.

이런 가두리 기법은 빅토르 위고 같은 위인들만 사용하는 방법이 아니다. 중학생 독자 한 명이 가두리 기법을 활용한 사연을 보내왔다.

공부는 머리가 아니라 엉덩이로 한다는데 저는 천성적으로 산만한 편이었습니다. 저도 공부를 잘하고 싶은데 10분도 못 참고 의자에서 일어나 방을 들락거리곤 했습니다. 엄마는 제가 방에서 나오면 그 새를 못 참고 또 나온다고 핀잔을 주지만 저도 어쩔 수가 없었습니다. 이제 곧 고등학생이 되는데 공부는 안 해도 좋으니 제발 좀 책상 앞에 진득이 앉아 있는 습관을 들여야겠다고 생각했습니다. 그런데 때마침 이외수 선생님이 놀고 싶은 유혹을 뿌리치기 위해 집에 감옥 철창을 설치하고 자물쇠로 채운 후 무려 4년이나 그 안에서 원고를 집필했다는 기사를 읽었습니다. 그때 쓴 책,《벽오금학도》는 출간된 지 3개월 만에 무려 120만 부나 판매되었다고 합니다. 그래서 저도 밖에서 방문을 잠글 수 있게 자물쇠를 사서 내 방에 달았습니다. 그리고 열쇠는 엄마에게 맡겼습니다. 엄마는 '네가 얼마나 하겠냐?' 하는 표정으로 웃었지만, 저는 비장한 각오로 도전했습니다. 처음에는 30분 정도가 한계였지만 시간이 지나면서 1시간, 2시간으로 책상 앞에 앉아 있는 시간이 늘어났고 지금은 성적이 10등이나 올랐습니다. 가두리 기법, 정말 기발한 발상입니다!

 왜 가두리 기법인가?

- 박테리아부터 인간까지 모든 생물체는 자극의 영향을 받는다.
- 자극의 힘을 역이용하면 힘들게 의지력을 발휘할 필요가 없다.
- 자기통제의 달인은 상황의 힘을 역이용하여 쉽게 자신을 통제한다.

귀찮고 힘들다는 이유로 중요한 일을 늘 뒷전으로 미루는가?

앞으로 나아가고 싶은데 유혹에 휘둘려 뒷걸음질을 치고 있는가? 그렇다면 즉각적 쾌락의 유혹을 뿌리치고 고통을 감수하면서 실천할 수밖에 없는 가두리 기법을 적용해보자. 장기적인 관점에서 보면 아무리 중요한 일이라고 해도, 당장 귀찮고 힘들면 별짓을 다 해 피하고 싶은 게 인간의 마음이다. 해서는 안 되는 줄 알면서도 그 순간 즐거움과 쾌감을 주는 일에는 마음이 흔들리는 것 또한 인간의 본성이다. 그러므로 정말 해야 할 일이 있다면 스스로 그 일을 할 수밖에 없는 환경을 만들어야 한다.

'옳은 이유'만으로는 실천하기 어렵다면 '어쩔 수 없는 이유'로 실천하면 된다. 자기통제의 달인은 진땀을 빼면서 자기를 통제하지 않는다. 대신 그 일을 할 수밖에 없는 환경을 조성한다. 정말 해야 할 일이 있다면 퇴로를 차단하고 스스로를 가두고라도 그 일을 할 수밖에 없게 만들어야 한다.

자신을 스스로
'가두는 것'은 ...

감옥이 아닌 자기 '통제'다 ...

11. 상황통제
의지력을 시험하지 말고, 상황의 힘을 역이용하라!

자기통제의 달인들은 진땀을 빼면서 자기통제를 하지 않는다. 대신 그들은 상황의 힘을 역이용해 유혹을 원천봉쇄하고 실천할 수밖에 없는 상황을 조성한다. 변화를 포기하지 못하도록 퇴로를 차단하라! 어쩔 수 없이 실천할 수밖에 없도록 사전조치를 취하라!

교수님, 새벽 메일을 확인해주세요

기숙사 친구들에게 아침 7시에 토익 공부를 하자고 제안했다. 그런데 내가 제안해놓고 일주일에 두세 번은 참석하지 못했다. 체면도 말이 아니고, 이런 식으로 살면 안 될 것 같은데 알람이 울려도 다시 끄고 자는 바람에 도저히 어떻게 할 수가 없었다. 그래서 꼭 실천하고 싶다면 퇴로를 차단하는 가두리 기법을 써보기로 했다. 교수님에게 매일 아침 일어나자마자 이메일을 보내겠다고 말씀드렸다. 답장은 안 해주셔도 되니 메일 발송 시간만 확인해달라고 하면서 만약 일주일 동안 하루라도 7시 이전에 메일을 받지 못하면 내 재산 목록 1호인 노트북을 가장 싫어하는 사람에게 택배로 보내겠다고 말씀드렸다. 교수님은 흔쾌히 허락하시면서 이 작은 실천이 내 인생의 터닝포인트가 될 것이라며 응원해주셨다. 그리고 나는 친구들에게 스터디 모임의 간사를 자청하고 매일 모닝콜을 해주겠다고 선언했다. 잠들기 전에 알람을 2개 더 추가해서 예약을 걸어두었다. 첫날 아침, 기적 같은 일이 일어났다. 알람 소리도 제대로 듣지 못하던 내가 알람이 울리기도 전에 일어난 것이다. 어떻게 이런 일이 일어날 수 있었을까? 정말 놀랍고 신기하다. 물론 일주일 동안 나는 한 번도 아침 공부에 빠지지 않았고, 그 노트북은 여전히 내 재산 목록 1호로 남아 있다.

돼지우리 개조 프로젝트!

　책에서 어떤 재치 있는 주부가 가끔 일부러 친구들을 초대해서 하기 싫은 집 청소를 해치운다는 사례를 읽고 나도 '돼지우리 개조 프로젝트'를 시도해보기로 했다. 내 자취방은 말 그대로 돼지우리라고 해도 과언이 아니다. 치워야지, 치워야지 하면서도 내가 편한 대로 살다 보니 점점 더 지저분해진 것 같다. 옳은 이유로 실천할 수 없다면 어쩔 수 없는 이유를 동원하자! 그래서 남자친구를 초대해서 방을 치울 수밖에 없는 이유를 만들기로 했다. 남자친구가 가끔 집 앞까지 데려다준 적은 있으나, 집에는 한 번도 들어온 적이 없다. 그래서 이번 기회에 내 방도 구경시켜주고 맛있는 것도 해줄 생각이다. 남자친구에게 이런 더러운 방을 보여줄 수는 없으니 어쩔 수 없이 주말에 방을 깨~끗이 치울 수밖에 없었다. 어질러진 옷들도 정리하고, 지저분한 화장대 위와 책상 위도 정리하고, 거실과 부엌도 깔끔하게 치웠다. 남자친구에게 보여준다고 생각하니 신이 나서 피곤한 줄도 모르고 청소를 마쳤다. 속도 모르는 여동생은 사람이 바뀌어도 이렇게 바뀔 수가 있냐면서 혹시 어디 아픈 거 아니냐고 물었다. 남자친구가 돌아가고 난 다음에는 더 이상 방을 어지럽히지 않도록 '눈 사진'을 붙여두고 남자친구를 워치독(감시견)으로 활용하고 있다.

가두리 기법

하지 말아야 할 일이 있다면 그쪽으로 도망치지 못하도록 퇴로를 차단하자. 해야 할 일이 있다면 그 일을 할 수밖에 없도록 가두리를 설치하자.

빅토르 위고 "해가 질 때까지 절대 나에게 옷을 갖다 주지 마라!"

작가 이외수 "이 원고를 탈고할 때까지 절대 철창 문을 열어주지 마시오!"

why not me?

인생에서 가장 힘든 일은
건널 다리와 불태울 다리를 구분하는 것이다.
– 데이비드 러셀

Q

그렇다면…… 나는 가두리 기법을 어떻게 활용할 수 있을까?

A

내가 _____ 할 때까지

절대 _____ !

내가 _____ 할 때까지

절대 _____ !

내가 _____ 할 때까지

절대 _____ !

다이어트에
실패하면
파혼을 하겠다

자신의 생각을 다른 사람들에게 공개하게 되면,
사람들은 어쩔 수 없이 그렇게 행동해야 한다는
심리적 압박을 받게 된다.

— B. R. 보노마

환자나 내담자들로 하여금 자기 자신을 통제하도록 돕는 심리치료자나 상담가가 되려면 무엇보다 나 자신을 효과적으로 통제할 수 있어야 할 것이다. 그런데 나는 체중 관리를 못해 매년 옷 사이즈가 커지고 있다. 체중 때문에 스트레스를 받으면서 수도 없이 다이어트를 시도하지만, 매번 작심삼일, 용두사미로 끝난다. 나에겐 살 빼는 것이 죽는 것보다 더 어려운 것 같다. 아무리 참으려고 해도 먹는 것을 참을 수가 없다. 특히 공부를 하다가 힘들거나 발표에서 실수를 하고 나면 스트레스를 받아 더 많이 먹는 것 같다. 그러다 보니 자신감도 떨어지고, 그렇게 하고 싶었던 공부에 대한 의욕도 점점 줄어드는 것 같다.

오늘의 나 도저히 안 되겠다 싶어 초강력 행동 계약서를 작성해서 교수님께 제출하고 친구와 선후배 학생들에게 결심을 선언했다. 교수님은 내가 작성한 계약서를 내 지도 교수님께 메일로 전하면서 혹시 ○○○가 어느 날부터 예고 없이 학교에 나타나지 않더라도 이해해달라고 하면서 그런 일이 없도록 격려와 지원을 부탁하셨다. 드디어 데드라인 하루 전, 나는 5.1kg 감량에 성공했다. 어쩌면 작은 일일지 모른다. 하지만 이 작은 일이 내 인생에 얼마나 큰일로 이어질지는 아무도 모른다!

초강력 행동 계약서

앞에서 소개한 학생은 아래와 같은 행동 계약서를 작성해서 내게 보내왔다.

행동 계약서

나, ○○○는 오늘부터 2015년 2월 28일까지, 현재 체중 ○○ kg에서 5kg을 감량할 것이다. 이 목표를 달성하지 못할 시, 지도교수 ○○○ 교수님께 인사도 하지 않고 조용히 연구실 짐을 빼고 학교를 자퇴하겠다.

– 2014년 12월 9일. ○○○.

목표를 달성한 후에는 다음과 같은 실천 소감도 보내왔다.

함께 수업을 듣는 학생들에게 계약서를 공개했고, 교수님 께서 제 지도교수님께 제가 작성한 계약서를 보내셨고, 주 변의 모든 사람들이 저를 지켜볼 수 있도록 이렇게 호들 갑을 떨면서 공개선언을 해놓고 작심삼일로 끝낼 수는 없 었습니다. 결심을 실천하지 못하면 힘들게 입학한 대학원을 자퇴해야 하고, 제 인생목표도 포기해야 하지만 온갖 먹을 것들이 시도 때도 없이 저를 시험에 들게 했습니다. 늦은 신년회를 하자고 하는 지인들뿐만 아니라 설 명절 일주일 전부터 맛집 여행을 떠나자는 친척들까지…… 이런 유혹들이 저를 흔들 때마다 저는 종을 치기만 하면 침을 질질 흘리는 파블로프의 개를 떠올리면서 속으로 외쳤습니다. '나는 개가 아니다!' 데드라인 하루 전, 드디어 저는 5.1kg 감량에 성공했습니다.

아무도 모르는데 어기면 좀 어때?

"아! 어제도 과음을 했네. 그렇게 술 좀 줄이겠다고 해놓고."
"직장생활 5년이나 됐는데 모아놓은 돈이 별로 없네. 당장 씀씀이를 줄여야지."
"이 뱃살 좀 봐. 오늘부터 당장 운동을 해야지."

오후가 되자 다시 술 마실 건수를 만들기 시작한다.
그런데 또 인터넷 쇼핑몰을 기웃거린다.
오늘은 너무 피곤해서 운동하고 싶지 않다.

우리는 매일 이런저런 다짐을 한다. 그러나 그 다짐들은 하루가 지나지 않아 흐지부지된다. 왜 그럴까? 혼자서만, 마음속으로, 은밀하게 다짐하기 때문이다. 나 혼자 한 결심은 아무도 모른다. 결심을 중도에 포기해도 아무도 모른다. 그래서 은밀하게 한 결심은 용두사미로 끝날 가능성이 많다. 그런데 왜 사람들은 결심을 은밀하게 하는 것일까? 거기에는 몇 가지 이유가 있다.

첫째, 개인적인 목표와 결심은 다른 사람에게 공개하는 것이 아니라는 고정관념이 있기 때문이다. 실제로 말만 앞세우거나, 이런저런 시시콜콜한 개인적 결심까지 남들 앞에서 털어놓을 경우 뭔가 부족하고 미숙한 사람이라는 평가를 받는 경향이 있다.

둘째, 극적인 효과를 노리기 때문이다. 한 예로, 학교에서는 열심히 공부하지 않는 것처럼 하면서 집에 가면 잠을 줄여가며 공부하는 학생들이 있다. 은밀하게 실천해야 경쟁자들을 자극하지 않을 수 있고, 예상치 못한 높은 점수로 야구 경기의 역전승처럼 다른 사람들을 깜짝 놀라게 해줄 수 있기 때문이다.

셋째, 두려움 때문이다. 결심을 공개했다가 중도에 포기하면 체면이 구겨지고 비난을 받을 수도 있지만 혼자 결심하면 실패해도 비난과 책임을 피할 수 있다. 그래서 속으로만 했던 다짐은 나중에 실천이 어려워지면 은근슬쩍 없던 일이 될 가능성이 높다. 그동안 은밀하게 결심해서 결심이 흐지부지되었다면 결심을 만천하에 공개해야 한다.

왜 결심은 공개적으로 선언해야 할까? 결심을 공개적으로 선언하면 그 결심을 실천에 옮길 확률이 높아지기 때문이다.

 왜 공개선언을 해야 하는가?

- 사람은 본능적으로 말과 행동을 일치시키려고 한다.
- 공개하면 주변 사람들로부터 지원과 도움을 받을 수 있다.
- 자존심과 체면을 지키기 위해 실천할 가능성이 높아진다.

결심을 반드시 실행하고 싶다면…

심리학자 스티븐 헤이스는 다른 사람에게 결심을 공개하면 실천 가능성이 높아지는지를 검증하기 위해 다음과 같은 세 집단의 대학생들을 대상으로 실험했다.

집단1 목표 점수를 다른 학생들에게 공개하도록 했다.

집단2 목표 점수를 마음속으로만 생각하게 했다.

집단3 목표 점수에 대한 어떤 요청도 하지 않았다.

어떤 집단이 가장 높은 점수를 받았을까? 말할 필요도 없이 결심을 공개한 집단이 다른 두 집단보다 현저하게 높은 점수를 받았다. 결심을 마음속으로만 생각했던 두 번째 집단은 아예 결심을 하지 않은 세 번째 집단과 통계적인 차이가 없었다. 결론적으로 말하면 은밀한 결심은 결심을 하지 않은 것과 같다는 것이다. 이처럼 사람들은 말이나 글로 자신의 생각을 공개하면 그 생각을 끝까지 고수하려는 경향이 있는데, 이를 공개선언 효과 public commitment effect 라고 한다.

금연하고 싶은가? 그렇다면 주변 사람들에게 금연 결심을 공개적으로 선언하라. 2015년 1월 충청북도 충주시는 시민을 대상으로 전광판 금연 공개선언 참여자를 모집했다. 100일이 다가오는 3월 조사 결과, 전광판에 동영상으로 금연 결심을 공개적으로 선언했던 시민들의 금연 성공률은 83%나 됐다. 1년 전 충주시 보건소 금연 클리닉을 방문한 금연 결심자의 성공률(36%)과 비교하면 2배 이상 더 높게 나타났다.

친절한 아빠가 되고 싶은가? 그렇다면 가족에게 공개적으로 선언하라. 나도 가끔은 공개선언의 효과를 활용한다. 예컨대 좀 더 자상한 아빠가 되기 위해 딸에게 작은 친절을 베풀고 나면 스스로 이렇게 공치사를 한다. "이 세상에 나보다 더 자상한 아빠는 없겠지?" 그러면 딸은 어이없다는 듯이 웃으면서 이렇게 대꾸한다. "우리 아빠 자화자찬은 아무도 못 말려." 그러면서 한마디 덧붙인다. "그럼! 아빠보다 친절한 아빠는 이 세상에 없죠." 하지만 나는 믿는다. 비록 농담조이긴 하지만 이렇게 말로 선언하다 보면 조금씩, 아주 조금씩 내가 더 자상하게 행동할 수밖에 없다는 사실을.

일본 소프트뱅크의 손정의 회장은 자신의 성공 비결을 공개선언이라고 소개했다. "나는 10대 때부터 남들이 허풍이라 할 정도로 터무니없어 보이는 목표를 공개적으로 밝혀, 호언장담하는 버릇이 있었다. 일단 공언하면 자신을 궁지로 몰아넣게 되고, 강한 책임감을 느끼게 되어 실천할 수밖에 없기 때문이다."

교세라의 이나모리 가즈오 회장도 비슷한 말을 했다. "불언실행(不言實行)이란 말이 있다. 말을 내세우지 않고 실행한다는 뜻이다. 그러나 말로 공개하지 않으면 속임수가 가능하다. 그래서 목표를 말로 내세우고 약속을 하는 것이 중요하다. 나중에 변명을 할 수도 있겠지만, 적어도 다른 사람과 자신을 속이는 일은 하지 않기 때문이다. 경영에서도 마찬가지다."

공개선언의 효과를 확인해보고 싶은가? 그렇다면 다음 몇 가지를 참고해서 선언하라. 첫째, 중요한 사람이나 체면을 지켜야 한다고 생각하는 사람들에게 가능한 한 널리 공개하라. 둘째, 말뿐 아니라, 메일이나 블로그, SNS 등 다양한 방법을 동원해서 선언하고 도움을 요청하라. 셋째, 실천하지 못했을 때는 감당하기 어려울 정도의 끔찍한 대가를 치르겠다는 약속도 함께 공개하라.

다른 사람을 바꾸고 싶다면 공개선언을 유도하라

공개선언 효과는 자신을 바꿀 때뿐 아니라 다른 사람들을 바꿀 때도 매우 유용하게 활용할 수 있다. 학생들의 지각이나 결석률을 줄이기 위해 공개선언 효과를 어떻게 활용할 수 있을까? 나는 개강 초 몇 주는 누가 결석이나 지각을 하는지 유심히 살펴본다. 그리고 어느 날 수업 전에 이런 얘기를 해준다. "내가 얼마 전에 논문을 하나 읽었는데 출근시간과 소득 간에는 밀접한 상관관계가 있다. 나는 내 학생들이 모두 부자로 살았으면 좋겠다. 그런데 걱정되는 학생이 몇 명 있다."

　지각하거나 결석한 학생의 이름을 부르면서 "○○야, 나는 네가 나중에 부자로 살았으면 좋겠는데…….지금까지 몇 번 지각을 한 것 같은데…….다음 시간에는 지각 안 할 거지?" 그러면 착한 내 학생들은 대부분 이렇게 대답한다. "네, 교수님. 앞으로는 지각하지 않도록 하겠습니다." 얼마 전에도 지난주에 결석한 학생에게 똑같은 말을 해주었는데 그 학생이 이런 메일을 보내왔다.

　　교수님, 안녕하세요. 먼저 죄송하다는 말씀을 드리고 싶습니다. 무엇보다도 사전에 아무 말씀도 드리지 않은 채, 무단으로 지난 시간 결석한 점 진심으로 죄송하게 생각하고 있습니다. 특히 오늘 '사연이 있겠지' 하시면서 너그럽게 이해해주셔서…….저 자신의 태도를 더욱더 반성하게 되었습니다. 교수님의 귀한 가르침을 거울삼아 다시는 이런 일이 없도록 노력할 것을 약속드립니다. 그리고 '1교시 수업 있는 날은 무조건 20분 전에 강의실에 착석해 있을 것'을 함께 약속드리고 싶습니다. 이번 주 꽃샘추위가 다시 찾아 온다고 합니다. 늘 건강, 특히 감기 조심하시길 바랄게요.^^ 감사합니다.

학교만 갔다 오면 얼른 숙제부터 하고 놀았으면 좋겠는데 놀다가 숙제를 못하는 아이들이 많다. 진땀을 빼면서 아이들의 버릇을 고쳐보려고 애를 쓰지만 아이들과 사이만 나빠지기 십상이다. 부모 역시 처음에는 부드럽게 시작할 것이다. "학교 갔다 오면 TV부터 보지 말고 숙제 먼저 해." 그러나 다음 날 아이는 또 TV를 본다. 그러면 강도를 높일 것이다. "어제 엄마가 숙제부터 하라고 말했지!" 아이는 또 TV를 본다. 그러면 더 강도를 높여 혼을 낼 것이다. 그러면서 부모는 아이들과 점점 멀어진다. 슬픈 일이다. 그런데 공개선언의 효과를 활용하면 이 상황을 어떻게 개선할 수 있을까?

어느 날 밖에서 돌아오니 아이가 또 TV부터 보고 있다. "또 TV를 보고 있네!" 이렇게 말하면 아이는 긴장할 것이다. 그럴 때 이렇게 말해보자. "오늘은 이왕 틀었으니까 이 프로 끝날 때까지 재미있게 보렴. 그런데 내일은 말이야 학교 갔다 오면 TV부터 봐야 할까? 아니면 숙제부터 해야 할까?" 아이는 어느 쪽을 택할까? 당연히 내일은 숙제부터 하겠다고 대답할 것이고, 약속을 지킬 가능성이 높다. 왜? 내일은 숙제부터 하겠다고 아이 스스로 공개선언을 했기 때문이다. 자기가 그렇게 말해놓고 지키지 않으면 불편한 감정이 느껴지는데, 이것을 심리학에서는 인지부조화cognitive dissonance라고 한다. 인지부조화가 생기면 사람들은 본능적으로 말과 행동을 일치시켜 불편함을 해소하고자 한다.

아이에게 방청소를 시키고 싶은가? 일방적으로 명령을 하거나 다그치지 말고, 아이가 자발적으로 선언할 수 있도록 유도하자. 아이들이 사이좋게 지내도록 하고 싶다면 싸우지 말라고 혼내지 말고, 사이좋게 지내겠다고 공개선언할 수 있는 기회를 제공하자.

공개선언 효과는 비즈니스에서도 얼마든지 활용할 수 있다. 고급 레스토랑은 대개 예약제로 운영된다. 그런데 문제는 예약하고 오지 않는 사람이 많다는 깃이다. 미국의 조사 결과, 예고 없는 예약 취소율이 30%나 된다고 한다. 사전에 취소 전화 한 통화만 해주어도 다른 손님들을 받을 수 있는데……. 주인 입장에서는 안타까운 일이 아닐 수 없다.

보통 레스토랑 예약을 할 때는 이런 식으로 전화 통화가 진행된다. "내일 저녁 7시 예약이 가능할까요?" "네, 가능합니다. 성함과 연락처를 알려주십시오. 감사합니다." 그런데 한 심리학자가 아이디어를 제공했다. 그 아이디어는 예약 전화를 끝내기 전에 취소할 경우 전화를 하겠다고 답하도록 간단한 질문 하나를 추가한 것뿐이다. 예를 들면 이렇게 질문하면 된다. "그런데요 고객님, 혹시 문제가 생기면 미리 전화해주실 거죠?" 고객은 당연히 이렇게 대답할 것이다. "물론입니다." 예약 취소율은 몇 %로 떨어졌을까? 10%로 뚝 떨어졌다.

사람은 말이나 글로 자신의 생각을 공개하면 그 생각을 끝까지 고수하려고 한다. 그대가 결심한 것을 실천하기 위해, 그리고 다른 사람들로 하여금 그대가 원하는 방향으로 실천하도록 하기 위해 공개선언의 효과를 어떻게 활용하겠는가?

보이는 것은 '앞'이고,
가려져
보이지 않는 것은
'뒤'다...

공개란 앞이고 감추는 것은 뒤다. 그래서 뒤는 '미지수'다...

12. 공개선언
은밀하게 결심하지 말고, 공개적으로 선언하라!

결심을 번복하려면 아무도 눈치채지 못하게 은밀하게 하라. 하지만 반드시 실천하고 싶다면 온 세상이 알게 하라. 사람은 자기가 내뱉은 말을 고수하려는 심리가 있다. 속으로만 다짐하지 말고 만천하에 공표하라! 지키지 못했을 때 치러야 할 끔찍한 대가도 공개하라!

살을 못 빼면 파혼을 하겠다

여자친구가 오래전부터 제발 좀 살을 빼라고 했지만 이런 핑계 저런 핑계를 대며 미루고 있었다. 얼마 전에 나는 돼지랑 살고 싶지 않다는 여자친구의 말을 듣고, 자존심이 상해 정말 살을 빼기로 결심했다. 그래서 전공 동기와 선후배, 가족들, 교회 청년부 친구들과 여자친구가 볼 수 있도록 이메일과 카톡, 블로그에 결심을 공개했다. 결혼식 일주일 전까지 10kg을 감량할 것이며 약속을 지키지 못하면 파혼하겠다고 선언했다. 사람들의 반응은 "말도 안 돼, 그런 것을 걸다니", "내가 널 아는데……"라는 식으로 나를 자극하기도 하고, "잘 해봐라, 파이팅!" 등등 다양한 반응을 보였다. 매일 몸무게를 측정하고 매주 월요일 그래프를 그려 인증샷을 찍어 블로그에 올리고 카톡과 문자로 사람들에게 알려주었다. 추가로 교회 친구들에게 체중 감량 과정을 알리고 희망하는 사람들을 모집하여 공개선언 효과에 대해 설명하고 희망자의 지원을 받아 체중 감량 프로젝트에 동참시켰다. 다이어트 코치를 하다 보니 나도 살을 빼지 않을 수가 없었다. 그리하여 결혼식 일주일 전까지 무려 12kg이나 감량해 무사히 결혼식을 치르고 지금은 행복한 결혼생활을 하고 있다.

미쳤어? 그 인간에게 기부를 하게

4주 동안 진땀을 빼면서 금연을 실천하고 있을 때였다. 솔직히 4주째가 되어가니 스트레스를 받거나 친구들이 옆에서 담배를 피울 때, 또는 밥 먹고 난 후 담배 생각이 너무 간절해서 '담배를 꼭 끊어야 하나?'라는 의문이 들기 시작했다. 얼마 전에 친구들과 술자리를 가졌는데, 어쩌다 보니 술을 마시게 되고 좀 많이 취하게 되었다. 다들 담배를 입에 물고 이야기에 열을 올리는데, 담배 한 모금이 너무나 간절했다. 그래도 참아보려고 담배 생각이 날 때마다 화장실에 간다고 하면서 바깥 공기를 쐬고 들어오곤 했다. 그런데 어느 순간 도저히 참을 수가 없어, 한 대 얻어 피우려고 친구에게 손을 내밀었다. 그러자 친구가 "어, 진짜 피울 거야? 너, 담배 피우면 그 사람에게 200만 원을 기부한다고 했지?" 하는 게 아닌가? 아차 싶었다. 금연을 시작하면서 친구들에게 내가 다시 담배를 피우면 내가 가장 싫어하는 전직 대통령 모씨에게 200만 원을 송금하겠다고 공개선언을 했었다. 그 말을 듣는 순간 내가 가장 싫어하는 인간에게 기부금을 보내야 한다고 생각하니 갑자기 정신이 확 들었다. 교수님의 극약처방으로 공개선언을 안 했더라면 지금은 다시 골초 무리 속에서 살고 있을 것이다.

why not me?

자신의 의견이 공개될수록
그것을 변경하기는 점점 힘들어진다.
- 커트 모텐슨

Q

은밀하게 결심해서 실패한 결심은 무엇인가?

누구에게 어떻게 선언하면 그 결심을 성공적으로 실천할 수 있겠는가?

A

은밀하게 결심해서 실패한 결심 :

실천하고 싶은 결심과 공개선언 방법 :

미룸신이 내렸다,
데드라인을 내밀었다

데드라인을 정해놓고 매진하는 사람에게는
오히려 목표가 다가온다.
– 폴 J. 마이어

설거지가 되었건, 옷 정리가 되었건 시간이 너무 많이 걸립니다. 물론 몇 시간 동안 청소만 하는 것은 아닙니다. 옷 정리를 할 때는 버리기 아까운 옷을 입어보기도 하고, 책장 정리를 하다가 예전에 읽었던 책을 다시 꺼내 읽기도 합니다. 주방에서 그릇을 정리하다 말고 가스레인지를 닦는 등 계획도 없이 하루 종일 그렇게 청소를 하곤 했습니다. 집안일뿐 아니라 직장에서도 비슷한 패턴으로 일하기 때문에 성과를 올리지 못해 스스로 한심하다는 생각을 많이 했습니다.

일요일, 늦은 아침을 먹고 가족에게 11시부터 청소를 시작해 12시 전에 끝내자고 제안했습니다. 청소는 정확히 11시 50분에 끝났습니다. 12시에 알람을 맞춰놓고 각자 청소할 구역들을 정해주자 가족들도 일사불란하게 움직이기 시작해서 예정보다 10분이나 빨리 청소가 끝났습니다. 그 후로는 설거지를 할 때도 '10분 내에 끝내야지' 이렇게 데드라인을 정해놓고 하니까 지겨운 집안일도 더 쉽게 느껴지고, 이전보다 훨씬 더 여유를 즐길 수 있게 되었습니다. 시작 시간과 마치는 시간을 미리 정해놓고 일하는 습관이 이렇게 효과적인 줄 예전엔 미처 몰랐습니다.

과연 시간이 없어서 못할까?

"제안서도 써야 하고, 부장님이 지시하신 일도 해야 하고, 내일 모레 있을 PT 준비도 해야 하는데, 이 많은 일을 언제 다하지?"

"다음 주가 바로 시험인데, 리포트도 써야 하고 해야 할 공부가 너무 많아. 시간이 너무 부족해."

시간이 없다는 말을 입에 달고 다니는 사람이 많다. 그런데 정말 능력이 뛰어난 사람은 의외로 '바쁘다'는 말을 별로 하지 않으면서 여유 있게 일을 처리한다. 그렇다면 그들은 시간이 남아돌아서 바쁘다고 말하지 않는 것일까? 아니다. 그들은 시간이 많아서가 아니라 효율적으로 일을 처리하기 때문에 바쁘다고 말하지 않는다.

매일 늦게까지 야근을 밥 먹듯이 하는 조직이 있다. 반면 칼같이 퇴근시간을 지키는 조직이 있다. 어떤 조직이 더 일을 잘할까? 기업의 문화에 따라 다를 수도 있지만 기업에서 오랫동안 일한 사람들의 이야기를 들어보면 일을 잘하는 조직은 후자인 경우가 더 많다. 철저한 시간관리로 일에 대한 집중도가 높기 때문이다.

반드시 한 시간 내에 책 한 권을 읽어야 한다면 어떻게 해야 할까? 정답은 하나밖에 없다. 읽을까 말까 망설일 시간이 없다. 고도의 집중력으로 '한 시간 내에 읽어야만 한다.' 내 경우도 한가할 때보다 바쁠 때 책을 더 많이 읽게 된다. 그래서 책을 사놓고 읽기를 미루고 있을 때면 가끔 이런 전략을 쓴다. '강의 준비를 할 시간이 한 시간밖에 없다. 그런데 강의할 때 반드시 이 책 내용을 소개해야 한다.' 이런 생각을 하면 어떤 책이라도 한 시간 내에 읽어낼 수 있다. 물론 책을 처음부터 끝까지 다 읽지는 않는다. 어쨌거나 나는 한 시간 내에 그 책 한 권을 읽는다.

　시간이 많으면 오히려 업무 성과가 떨어진다는 사실을 철석같이 믿었던 트럼프 사의 요시코시 고이치로 사장은 업무 성과를 높이기 위해 오후 6시 20분이 되면 사무실의 전기를 모두 꺼버린 것으로 유명하다.

　성과를 올리고 싶다면 주어진 데드라인을 앞당겨 자신만의 데드라인으로 재설정해야 한다. 보고서 제출 마감일이 3주 후라면, 첫 번째 주나 두 번째 주까지는 별 진전이 없을 것이 뻔하다. 시작도 못하거나 생각만 하면서 마감일 직전까지 스트레스를 받을 가능성이 높다. 하지만 자신만의 데드라인을 정해 2주 내에 끝낸다면, 진전 없이 스트레스만 받는 기간을 줄이면서 나머지 일주일은 오롯이 자신의 시간으로 만들 수 있다.

데드라인이라는 게 정말 막강한 위력을 발휘하는 것 같습니다. '이 과제를 반드시 2시간 내에 끝내겠다'고 생각하면 5시간이 걸리던 과제도 2시간 만에 끝내버리는 괴력을 발휘합니다. 중간고사가 시작되기 약 2주 전, 회계 과목의 과제가 있었습니다. 보통 과제는 주말 이틀에 걸쳐 하지만, 그 주말에 몸이 아파 과제를 하지 못한 채 마감일이 되어버렸습니다. 양으로 따지면 제대로 할 경우 최소 5시간 정도가 걸리는 데다 손으로 작성해야 하기에 시간이 더 걸릴지도 모르는 과제였습니다. 하지만 '내게 주어진 시간은 약 2시간밖에 없다. 죽이 되든 밥이 되든 2시간이 지나면 반드시 손을 뗀다'고 생각하니 생전 처음으로 2시간 만에 과제를 마칠 수 있었습니다.

위의 이야기는 데드라인의 위력에 대한 한 학생의 경험담이다. 어떤 일을 할 때 더 이상 생각할 시간이 없다는 사실을 확실히 인지하면 일에 대한 태도가 완전히 달라진다. 따라서 궤도 이탈을 방지하려면 무슨 일이든 반드시 데드라인을 정해야 한다.

TV 홈쇼핑이나 할인마트에서 "지금부터 딱 10분 동안 100분에게 드리는 찬스! 반액 할인!"이라고 외치면 시큰둥하던 사람들도 눈을 동그랗게 뜨고 그쪽으로 달려든다. 데드라인을 넘기면 절호의 찬스를 놓친다고 생각하기 때문이다. 마감 시간은 우리에게 궤도 이탈을 방지해주고 필요한 에너지를 한 가지 일에 집중시켜 일을 신속하게 끝내도록 도와준다.

개시 데드라인을 앞당기면 성공도 당겨진다

데드라인이라고 하면 일을 끝내야 하는 데드라인만 생각하기 쉬운데, 실행력이 뛰어난 사람들의 마음속에는 2개의 데드라인이 있다. 일을 언제까지 끝내겠다는 종료 데드라인ending deadline과 일을 언제부터 시작하겠다는 개시 데드라인starting deadline이다.

시작을 미루는가? 개시 데드라인을 정해보자. 개시 데드라인을 갖는 것은 집에 불이 난 것과 같다. 어느 날 집에 돌아와 보니 집에 불이 나고 있다면? 오로지 한 가지 선택밖에 없다. 누군가와 이러쿵저러쿵 상의할 필요도 없이, 해야 하나 말아야 하나 갈등할 새도 없이 가족을 구하기 위해 곧바로 행동에 돌입할 것이다.

마무리가 어려운가? 종료 데드라인 전에 일을 끝내는 습관을 가져보자. 사소한 일을 할 때도 종료 데드라인과 개시 데드라인을 정해보라. 시작이 쉬워지고 미적거리지 않는 자신을 보고 놀랄 것이다. 예상 외로 일이 빨리 끝난 것을 확인하고 스스로 감탄할 것이다. '미룸신'이 내리는가? 데드라인 '부적'을 내밀어라. 미룸신이 기겁하고 물러설 것이다.

방청소 같은 사소한 일을 할 때도 데드라인은 막강한 위력을 발휘한다. 아래의 세 사람 중 누가 가장 깔끔한 방에서 지낼 수 있을까?

- **사례1** 방청소를 해야겠다!(**결심**만 한다)
- **사례2** 8시까지 방청소를 끝낸다!(**결심**+**종료 데드라인**)
- **사례3** 7시에 시작해서 8시 전에 끝낸다!(**결심**+**개시 데드라인**+**종료 데드라인**)

늘 야단법석을 떨며 바쁘게 사는 것 같은 데도 별 소득 없이 사는 사람이 많다. 반면에 조용조용 여유롭게 일하면서도 알차게 살아가는 사람들도 있다. 자세히 들여다보면 그들에게는 작은 차이가 있다. 실패하는 사람은 남이 정한 데드라인에 따라 수동적으로 살아가기 때문에 발등에 불이 떨어져야 메뚜기처럼 이리 뛰고 저리 뛴다. 이들은 항상 조금 늦게, 준비가 덜된 상태로 움직이기 때문에 늘 다른 사람의 통제를 받는다.

반면에 성공하는 사람은 주어진 데드라인을 앞당겨 자기만의 데드라인으로 재설정한다. 그러므로 그들은 어디서건 남보다 일찍 움직이고 먼저 도착한다. 그들은 약속 시간에 늦는 법이 없다. 무슨 일을 하건 먼저 처리하는 사람은 더 많은 기회를 잡고, 더 성공할 수밖에 없다. 영국의 해군제독 넬슨은 이렇게 말했다. "내 인생의 모든 성공은 항상 '15분 일찍' 시작한 덕분이었다." 남보다 뛰어나기는 어려워도 남보다 먼저 시작하기는 쉽다. 무엇이건 조금 먼저 시작하라. 약속 시간 15분 전, 그대는 지금 어디에 있는가?

 왜 데드라인이 필요한가?

• 하기 싫은 일은 뒤로 미루고 싶은 것이 인간의 본성이다.
• 중요한 일과 중요하지 않은 일이 명확하게 구분된다.
• 주의 분산과 궤도 이탈을 방지하고 신속한 실행이 가능하다.

요청할 때는 할 일과 함께
데드라인을 명확하게 제시하라

데드라인은 다른 사람의 행동을 변화시킬 때도 매우 유용하다. 학생들에게 실행력에 대한 강의를 하고 난 후 과제를 주었다. 내용은 같지만 데드라인을 부여하지 않았을 때와 데드라인을 명확하게 못 박아서 제시했을 때, 학생들이 보여준 반응은 완전히 달랐다.

상황1 실천하고 싶은 작은 결심 한 가지를 찾아내서 실천 결과를 가능한 한 빨리 **이메일로 제출하라.**
→ 대부분의 학생들은 일주일이 지나도 보고서를 제출하지 않는다.

상황2 실천하고 싶은 작은 결심 한 가지를 찾아내서 실천 결과를 반드시 오늘 밤 12시가 되기 전에 **이메일로 제출하라.**
→ 대부분의 학생들은 그날 밤 12시가 되기 전에 보고서를 제출한다.

자녀가 숙제를 하도록 돕고 싶은가? 배우자에게 도움을 받고 싶은가? 부하직원이 지시를 잘 따르게 하고 싶은가? 그렇다면 모호하게 요청하거나 지시하면 안 된다. 할 일을 명확하게 정해 주고, 데드라인을 분명하게 알려줘야 한다.

1분 일찍 '시작'하고
1분 일찍 '마무리'한다
...

남보다 뛰어나긴 어려워도 남보다 먼저 시작하긴 쉽다...

13. 데드라인
마감 시한을 앞당겨 데드라인을 재설정하라!

실천력이 뛰어난 사람은 2개의 데드라인(개시 데드라인과 종료 데드라인)으로 주어진 마감 시한을 자기만의 데드라인으로 재설정한다. 시작을 미루는가? 개시 데드라인을 정해보라! 마무리가 어려운가? 종료 데드라인을 앞당겨라!

짧은 시간, 놀라운 집중의 효과

버스를 타고 자격증 시험을 보러 시험장으로 향하는 길이었다. 자리를 잡고 앉아 시험 공부를 좀 해볼까 했는데, 영 남세스러웠다. 그저 오늘 시험에서는 그동안 공부한 내용이 나왔으면 좋겠다는 바람과 함께 멍하니 창밖을 내다보며 시간을 보내고 있었다. 그런데 나중에 탄 사람이 앞에 앉았는데 앉자마자 시험문제집을 꺼내서 보는 것이었다. 갑자기 이럴 때가 아니라는 생각이 들었다. 데드라인deadline이라는 말이 원래 넘지 말아야 할 선, 죄수가 넘으면 총살당하는 선, 즉 문자 그대로 죽음의 선死線이라는 의미가 있다는 것을 생각하고 용기를 내서 문제집을 꺼내보기 시작했다. 시간을 보니 앞으로 한 시간은 더 버스를 타고 가야 했다. 한 시간 안에 문제집을 다 훑어보지 못하면 그야말로 총살을 당한다고 상상하면서 훑어봤다. 그러자 집중이 엄청나게 잘되었다. 버스가 어디를 지났는지 전혀 기억이 안 날 정도로 집중했다. 그리고 드디어 시험장에 들어가서 시험을 치렀다. 그런데 이게 웬일인가? 버스 안에서 본 문제들이 대부분 시험에 나왔다. 버스 안에서 집중한 대로 시험을 치렀더니 당연히 합격! 지금 생각해도 정말 감격의 도가니다. 버스에서 문제집을 펼치는 순간부터 버스에서 내릴 때까지로 데드라인을 확실히 정하고 집중한 결과다.

I can do it!

전철역마다 영어 문장을 하나씩…

이클래스e-class에 과제가 올라오면 교수님의 글을 세상에서 가장 편안한 자세로 읽습니다. 모니터를 바라보며 느긋이 내용을 읽다 보면 30분 이상이 소요되기 일쑤였습니다. 어떤 때는 중간에 전화 받고 간식 먹고 하느라 한 시간을 넘길 때도 많았습니다. 그래서 이번 지문부터는 제목을 읽을 때부터 계산해서 반드시 15분 내에 지문을 다 읽겠다고 개시 데드라인과 종료 데드라인을 정했습니다. 그러자 자세부터 달라졌습니다. 의자에 허리를 꼿꼿이 세우고 집중해서 과제를 읽기 시작했고 정확히 13분 만에 글을 다 읽을 수 있었습니다. 참으로 놀라운 경험이 아닐 수 없었습니다. 친구한테 부탁할 일이 있을 때도 적용해보기로 했습니다. 지난주 일요일부터 모임 참가 부탁 전화를 해야 하는데 불안함을 느끼며 계속 미루고 있었습니다. 친한 친구 3명에게 3시부터 10분 간격으로 전화하기로 데드라인을 정하고 나니 생각보다 쉽게 허락을 받을 수 있었습니다. 통학길에서는 막연히 영어 공부를 하는 것이 아니라 전철역마다 문장을 하나씩 외우겠다는 기준을 정해서 해보니 훨씬 덜 지루하고 공부도 잘됩니다. 데드라인의 힘, 인생은 영원하고 시간은 무한하다는 착각에서 벗어나게 해주는 정말 유용한 실천 지렛대입니다.

> ## why not me?
>
> 데드라인이 없는 목표는 장전하지 않은 총탄과 같다.
> 스스로 데드라인을 설정하지 않는다면
> 당신의 삶도 불발탄으로 끝나고 말 것이다.
> − 브라이언 트레이시

Q

실천력이 뛰어난 사람의 마음속에는 2개의 데드라인이 있다. 개시 데드라인과 종료 데드라인을 적용해서 당장 실천해보고 싶은 일은 무엇인가?

A

실천해야 할 일:

개시 데드라인:

종료 데드라인:

실천해야 할 일:

개시 데드라인:

종료 데드라인:

1°C를 높이니
또 다른 세상이
열렸다

어떤 사람들은 목표에 거의 도달했을 때 계획을 포기한다.
다른 사람들은 반대로 마지막 순간에
그 어느 때보다도 강력한 노력으로 승리를 쟁취한다.
– 헤로도토스

어제의 나 몇 년 전 기타를 쳐보고 싶었습니다. 기타를 사고, 친한 형에게 부탁해서 배우기 시작했지요. 그런데 남들이 칠 때는 멋지고 쉬워 보였는데 저한테는 왜 이리 어려운지요? 기본 코드는 잘 외워지지 않고, 하이 코드는 어떻게 잡아야 할지 매번 헤매기만 하고, 내가 원하는 소리는 잘 나오지 않았습니다. 두 달 정도 연습했는데, 도무지 실력이 늘지 않아 그만 포기해버리고 기타를 방 한 구석에 처박아두고 말았습니다. 선천적으로 음악 감각이 부족한 것 같아서 다른 악기를 배우는 것도 포기했습니다.

오늘의 나 "하루에 30분만 꾸준히 투자하고 연습하면 어느 순간 엄청 쉬운 악기가 됩니다." 군대에서 기타를 잘 치는 후임병이 제게 해준 말이었습니다. 한 번 포기했던 기타였지만 후임병의 말을 믿고 하루에 30분씩 시간이 날 때마다 연습했습니다. 손끝에 굳은살이 생기기 전까지 손가락이 너무 아파서 포기할까 생각하기도 했습니다. 그렇게 연습하길 3개월, 어느새 웬만한 노래는 악보만 보면 바로 칠 수 있는 실력이 되었습니다. 제대 후에는 친구들과 모여 기타 공연을 두 번이나 했습니다. 물론 아직 기타를 아주 잘 친다고 할 수는 없습니다. 하지만 이 일을 계기로 뭔가를 꾸준히 하면 넘을 수 없다고 생각했던 벽을 넘어설 수 있다는 자신감이 생겼습니다.

자네, 이제 편지 그만 보낼 거지?

4년 동안의 군복무를 마치고 스포츠 기자가 되고 싶어 신문사에 지원서를 냈지만 모두 거절당했다. 그들은 내가 경험이 없기 때문이라고 했다. 실제로 나는 고등학교를 졸업한 후 스포츠에 대한 글을 한 번도 써본 적이 없었다. 애리조나 주의 어떤 신문사에 지원했을 때 머릿속을 스치는 생각이 있었다. 그들은 내가 경험이 없기 때문이 아니라 기사를 쓸 수 있는 사람인지를 확신할 수 없기 때문에 나를 뽑지 못할 거라는 생각이 들었다.

최종 결정까지 한 달이 걸린다는 사실을 알고 있던 나는 날마다 신문사 부장에게 편지 한 통씩을 보냈다. 그날그날의 스포츠 뉴스에 초점을 맞추면서 내가 얼마나 훌륭하게 동료 역할을 해낼 수 있는지 알리는 데 주력했다. 한 달 후 부장으로부터 전화가 왔다. 2명의 후보를 뽑았는데 내가 그중 한 명이라는 것이었다. 마지막 면접 날, 부장은 웃으면서 내게 이 한 가지 질문만 했다. "스티브, 물어볼 게 있는데, 자네 입사하면 이제 편지 그만 보낼 거지?" 나중에 부장은 날마다 보냈던 내 편지가 그의 마음을 움직였다고 털어놓았다.

스티브가 부장에게 편지를 한 번도 보내지 않았다면? 세 번 보내고 그만두었다면? 열 번 보내고 포기했다면? 합격할 수 없었을 것이다. 부장의 마음이 바뀔 때까지 편지를 보냈기 때문에 합격한 것이다. 이 이야기는 한때 지방신문의 스포츠 기자로 일했지만, 나중에 세계적인 동기부여 전문가이면서 자기계발 분야의 명강사이고 베스트셀러 작가가 된 스티브 챈들러의 경험담이다.

몇 번이나 거절당하면 포기할까?

세일즈맨은 고객으로부터 몇 번이나 거절을 당하면 그 고객을 포기하게 될까? 마케팅 리서치 회사 다트넬의 연구에 따르면 단 한 번의 거절로 포기한 사람은 48%였다. 두 번 거절을 당하고 포기한 사람은 25%였으며, 세 번까지 도전했다가 포기한 사람은 15%였다. 그러니까 세 번 거절을 당하면 88%의 세일즈맨이 그 고객을 포기해버린다는 말이다. 그렇다면 세 번 이내에 포기한 88%와 세 번이나 거절을 당해도 포기하지 않은 나머지 12% 중 어느 쪽이 매출을 더 많이 올릴까? 12%에 해당하는 후자가 전체 매출의 80%를 올린다.

내가 여러분에게 철사를 하나씩 나눠주면서 이렇게 부탁한다. "철사를 반으로 자르고 싶은데, 철사를 자를 연장이 없습니다. 철사 좀 잘라주시겠습니까?" 그러면 여러분 중 많은 분들이 연장 없이는 철사를 자를 수 없다고 말할 것이다. 하지만 소수의 몇 명은 철사를 달라고 하면서 철사를 구부렸다 폈다를 반복할 것이다. 왜? 도저히 자를 수 없을 것 같던 철사도 '구부렸다 폈다'를 반복하면 언젠가 뚝 끊어지는 임계점critical point 이 있다는 것을 알기 때문이다.

인간관계에서도 마찬가지다. 한 번만 더 미안하다고 말하면 용서해주려고 했는데 딱 그 순간 그만두는 사람이 있다. 한 번만 더 만나달라고 하면 만나주려고 했는데 그 순간부터 나타나지 않는 남자도 있다. 모두 포기하지 않고 지속적으로 노력하다 보면 반드시 원하는 상태로 변화가 일어나는 순간, 즉 임계점의 존재를 가정하지 못하기 때문이다.

그러나 소수의 차별화된 사람들은 다르다. 요지부동의 상대방을 설득할 때도 포기하지 않고 계속 도전한다. 그들은 당장 눈에 띄는 변화가 없다고 해도 내부에서는 조금씩, 아주 조금씩 변화가 일어나서 어느 순간 질적인 변화가 일어나는 임계점이 있다는 사실을 가정한다. 인간관계든 비즈니스든 임계점을 넘기기만 하면 순간적으로 상황을 역전시킬 수 있다.

 왜 임계점을 가정해야 하는가?

- 변화를 일으키고 싶다면 반드시 에너지를 투입해야 한다.
- 모든 변화에는 질적인 변화가 일어나는 임계점이 존재한다.
- 성공한 사람들은 임계점을 가정하고 한계돌파를 시도한다.

그대의 실행 온도는 몇 도인가?

할 만큼 했다는 생각이 들 때, 여기까지가 한계라고 생각하여 포기하고 싶어질 때가 분명 있다. 나만 그런 게 아니다. 누구나 그런 순간이 있다. 할 만큼 다 해봤다고 생각하고 정말로 그만두고 싶을 때 명심할 점이 있다.

첫째, 모든 가능성을 다 시도했다 할지라도 여전히 가능성은 남아 있다.

둘째, 겉으로는 가시적인 변화가 보이지 않는다고 해도 내면에서는 조금씩 변화가 일어나고 있다.

셋째, 계속 시도하다 보면 '이 상태'에서 '저 상태'로 갑자기 바뀌는 순간, 즉 임계점이 도래한다.

허영만 화백은 한 인터뷰에서 인기 만화 《미생》의 윤태호 작가가 어떻게 문하생이 되었는지를 묻는 질문에 이렇게 대답했다. "대치동 은마아파트에 화실이 있었을 때 윤태호가 와서 문하생이 되고 싶다고 했는데 자리가 없다고 거절했어. 그랬더니 윤태호가 아파트 앞 놀이터에서 먹고 자고 하면서 아침마다 화실로 올라와서 자리 있느냐고 묻더라고. 며칠 뒤 마침 자리가 나서 문하생이 됐는데 그때부터 '싹수'가 보였어."

물은 섭씨 100도가 되어야 끓는다. 10도, 20도, 30도…… 99도까지는 아무리 열을 가해도 질적인 변화는 나타나지 않는다. 그냥 물일 뿐이다. 하지만 내부에서는 조금씩 온도가 올라간다. 그러다가 100도가 되면 순간적으로 액체가 기체로 바뀌면서 폭발적인 에너지를 만들어낸다. 인간관계든 비즈니스든 99도에서 멈추느냐, 100도를 넘기느냐, 그 1도의 차이가 성패를 결정한다. 학교에서든 사회에서든 최선을 다해 열심히 했는데도, 마지막 1도 때문에 노력을 성과로 전환시키지 못하는 경우가 많다.

상대가 계속 거절한다고 너무 쉽게 단념하지 말자. 열심히 노력했는데도 성과가 나타나지 않는다고 너무 일찍 절망하지 말자. 친절을 베풀어도 매출이 늘지 않는다고 섣불리 포기하지 말자. 무슨 일을 하든 뚫고 넘어가야 할 한계 지점이 주기적으로 나타난다. 임계점이 눈앞에 있음을 기억하고 한계를 돌파하자. 99도의 평범함에 머물 것인가? 1도를 추가하여 위대함으로 도약할 것인가? 지금 그대의 온도는 몇 도인가?

'물'이 끓지 않으면
쌀은
밥이 되지 않는다...

데우기를 중도에 멈추는 삶은 결국 '설익은' 삶이다...

14. 한계돌파
임계점을 가정하고 한계돌파를 시도하라!

많은 사람들이 중도에 실패하는 이유는 성공을 코앞에 두고 그만두기 때문이다. 인간관계든 비즈니스든 모든 변화에는 넘기 어려운 벽이 존재한다. 하지만 그 벽을 돌파하기만 하면 완전히 새로운 세계가 열린다. 무엇에 도전하든 임계점을 가정하고 한계돌파를 시도하라!

영업은 연애와 같다

저는 제약회사에서 영업을 합니다. 제약회사 영업은 매우 가혹한 직종입니다. 물론 제품이 좋아야 하지만, 병원 측과의 관계에 따라 실적이 많이 좌우됩니다. 거래를 처음 트는 것이 얼마나 힘든지 모릅니다. 작년에는 수도권의 어떤 중형 종합병원과 거래를 성사시키기 위해 온 힘을 쏟았습니다. 그런데 그 병원 원장님은 워낙 고집이 센데다가 쉽게 만나주지도 않았습니다. 하지만 저는 6개월 동안 매주 한 번씩 찾아갔고, 우리 제품의 우수성을 설명했으며, 성실하게 제품을 공급하겠다는 약속도 했습니다. 아예 만나주지도 않는 날에는 솔직히 너무 힘들어서 그 병원은 포기할까도 생각했습니다. 그렇지만 "영업은 연애와 같다. 누가 처음부터 '당신을 기다리고 있었다'며 선뜻 받아주겠나" 하는 생각으로 임계점을 가정하면서 포기하지 않고 찾아갔습니다. 그러던 어느 날 그 병원 원장님한테서 연락이 왔습니다. 그동안 거절할 때마다 제가 어떤 태도를 보이는지 쭉 지켜보았고, 저에 대한 평을 다른 병원 원장한테 들었다면서 거래를 해보자고 했습니다. 그 병원과의 거래는 회사에서도 확실하게 인정받는 계기가 되었습니다. 돌이켜보니, 그 병원 원장님은 저를 계속 무시하면서 제가 임계점을 넘길 수 있는 그릇인지를 시험해보았던 것입니다.

임계치를 넘는 자가 미인을 얻는다

처음 아르바이트를 시작한 곳은 고급 레스토랑이었는데, 그곳에서 일하는 직원은 잘생기고 예쁜 사람이 많았다. 그중에서도 유난히 예쁘고 마음씨가 착해서 인기를 한 몸에 받는 친구가 있었는데, 남자 직원들의 절반이 그 친구에게 고백을 할 정도였다. 그 절반의 남자들 중에 나와 친하게 지내는 친구도 한 명 있었는데, 그 친구도 이미 고백을 했지만 거절당한 상태였다. 그렇게 시간이 흘러 아르바이트를 그만두고 1년 반 정도가 지난 후에 우연히 그 친구를 만나게 되었다. 그때 나는 놀라운 광경을 목격했다. 아니, 그 친구가 바로 인기 최고였던 여학생과 같이 있는 것이 아닌가! 나는 다른 잘난 경쟁자들을 다 제치고 어떻게 그 여자를 사귀게 되었는지 궁금해서 비결을 물었다. "난 2년 동안 이 친구를 좋아했고 정확히 열두 번을 고백했어." 나는 친구의 이야기를 듣고 미인은 용기 있는 자가 얻는 게 아니라 진실한 마음과 임계치를 알고 포기하지 않는 사람이 얻는 것이라는 생각을 했다. 부끄럽지만 임계점이라는 단어도 모르고 살았으니, 결심한 것을 끝까지 실천해서 성과를 내본 적도 별로 없었다. 지금부터는 물이 100도가 넘는 순간 끓어 넘쳐 엄청난 폭발적 에너지를 분출한다는 사실을 기억하고 무슨 일이든 도전해볼 생각이다.

why not me?

나는 몇 달이고 몇 년이고 생각하고 또 생각한다.
그러다 보면 99번은 틀리고,
100번째가 되어서야 비로소 맞는 답을 얻어낸다.
– 아인슈타인.

Q

사람들은 결코 실패하지 않는다. 하다가 중도에 그만둘 뿐이다.

임계점을 가정하고 다시 도전해보고 싶은 일은 무엇이고, 임계점에 도달할

때까지 어떻게 도전할 것인가?

A

다시 도전해보고 싶은 일 :

임계점을 돌파할 수 있는 방법 :

고마워!
나의 20대야!

자기 자신을 소중히 여기지 않으면
어떠한 일도 제대로 할 수 없고, 그 누구도 소중히 여길 수 없다.
– 스펜서 존슨

서울 변두리의 5평 남짓한 곳에서 미용실을 개업하여 5년 만에 홍대 앞으로 자리를 옮겼습니다. 자리를 옮기고 나니 번화가여서 좋기는 하지만, 어쩌다가 들르는 손님뿐입니다. 전단지를 돌리고 쿠폰 제도 등을 도입해 고객을 늘리는 노력을 하고 있습니다. 헤어디자이너와 견습 직원, 나까지 포함하여 모두 6명이나 되지만 도무지 매출이 늘지 않고 있습니다. 매달 직원 월급을 맞추는 게 벅찹니다. 그러다 보니 직원들에게 짜증을 내게 되고 단골 고객도 점점 줄어서 직원들을 내보내야 할 형편입니다.

힘들 때마다 25년 후 성공한 제 모습을 상상합니다. "전국 체인 100호점을 돌파한 오늘, 저는 여러분들께 주식을 나눠드리고자 합니다. 30년 전 서울 변두리 5평 남짓한 곳에서 혼자 시작했던 작은 미용실이 이제는 전국에 100곳, 그리고 일하는 직원이 1000명을 넘어선 대형 미용 체인으로 발전했습니다." 미래의 내가 현재의 나에게 미래를 위해 지금 무엇을 어떻게 해야 할지 격려하면서 조언을 해줍니다. 많은 것이 달라졌습니다. 요즘은 고객 관리 카드를 만들고, 고객의 취향 등을 세밀하게 분석하고 데이터화하고 있습니다. 손님들에게 더욱더 친절해졌습니다. 직원들에게도 따뜻하게 대하니 당연히 고객이 점차 늘어가고 있습니다.

쉼표가 있어야 멜로디가 만들어진다

처음에는 무언가 해보겠다는 의지가 불끈불끈 솟았습니다. 그래서 이런저런 실험을 하는 과정에서 많이 배우고 많이 달라졌습니다. 그런데 최근 들어 의욕이 떨어지면서 제가 목표에서 눈을 떼고 있었다는 걸 알게 되었습니다. 오늘은 의욕을 많이 상실한 하루였습니다. 목표가 너무 높아서 그런 걸까요? 진전이 없는 제 모습을 보니 우울 모드에 빠졌습니다. 실험정신도 발휘되지 않았습니다. 요즘 하는 일들이 더 어렵고 힘들기만 하니 힘이 많이 빠집니다. 신나게 달려가다가 갑자기 주저앉아 있다는 느낌이 듭니다. 다시 원점으로 돌아가버린 듯한 느낌도 듭니다. 교수님은 우울한 날, 포기하고 싶은 때가 없으신가요? 요즘 이런 제 마음을 어찌 해야 할까요?

독자들과 함께 진행했던 실행력 증진 프로젝트 참가자 중 한 분이 보내온 메일이다. 나는 다음과 같은 답장을 보냈다.

우울 모드에 빠졌다고 하셨죠? 존재하는 모든 계절은 존재의 이유가 있고 존재하는 모든 심리 역시 존재의 이유가 있습니다. 봄과 가을이 존재하려면 여름과 겨울이 있어야겠죠? 우울한 기분 역시 인간에게 필요하기 때문에 진화된 기능입니다. 혹시 해거리라는 말 들어보셨습니까? 과일나무에서 과일이 많이 열리는 해(성년成年)와 적게 열리는 해(휴년休年)가 교대로 반복해서 나타나는데 이를 해거리(격년결과隔年結果)라고 합니다. 해마다 과일을 잔뜩 만들어내면 될 텐데 왜 나무들은 해거리를 할까요?

해거리를 하지 않고 매년 많은 과일을 만들어내면 오래 버틸 수 없기 때문입니다. 나무는 양분을 보충하고 재충전을 해서 다음 해에 더 풍성한 결과를 만들어내기 위해 한 해는 과감하게 열매 맺기를 포기합니다. 사람의 기분도 마찬가지입니다. 우울 모드, 없애려고 하지 말고 활동 속도를 늦추라는 신호로 받아들이고 잠시 재충전할 시간을 가져보시면 어떨까요? 쉼표가 있어야 멜로디가 만들어지고 휴년이 있어야 풍성한 성년을 준비할 수 있습니다.

오르막과 내리막을 반복하면서…

'야식을 먹지 않기로 했는데 라면 하나를 먹고 나니……'
'금연을 잘 지켜왔는데 술에 취해 담배 한 대를 피우고 나니……'

어떤 결심을 했는데 한순간의 실수로 그르칠 때가 있다. 그럴 때 대부분의 사람은 "그러면 그렇지!" 하며 자책한다. 그러면서 "에라, 모르겠다! 어차피 버린 몸인데……" 하면서 그동안 참았던 간식을 먹어대고, 끊었던 담배를 다시 피우기 시작한다.

이처럼 한순간의 실수로 그동안의 절제 결심이 봇물 터지듯이 한꺼번에 무너지는 현상을 심리학에서는 절제 파기 효과 abstinence violation effect 또는 에라이 효과 what-the-hell effect 라고 한다.

여러 가지 연구 결과에 따르면 금연이나 금주 또는 다이어트 프로그램에 참여한 사람들 중 1년 후에도 결심을 실천하고 목표를 달성한 사람은 10~30%에 불과하다. 절제 파기 효과로 인해 많은 사람들이 중도에 포기하기 때문이다. 절제 파기 효과는 금연, 금주, 다이어트, 폭력, 범죄, 순결 등 인간의 욕구를 절제해야 하는 모든 영역에서 광범위하고 보편적으로 관찰되는 현상이다.

하지만 이 대목에서 알아두어야 할 중요한 사실이 있다. 모든 변화는 4단계 과정을 거쳐 일어난다는 것이다.

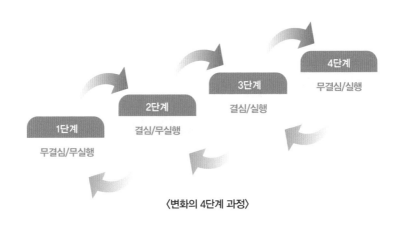

〈변화의 4단계 과정〉

1단계는 변화의 필요성을 느끼지 못하기 때문에 결심도 하지 않고 실행도 하지 않는 무결심/무실행 단계다.

2단계는 변화의 필요성을 느끼고 결심은 하지만 아직 실행이 따르지 않는 결심/무실행 단계다.

3단계는 결심을 의식적으로 떠올릴 때만 실행하는 결심/실행 단계다.

4단계는 의식적으로 결심하지 않아도 자동적으로 실행되는 무결심/실행 단계다. 이 단계에서는 굳이 결심을 하지 않아도 삶이 원하는 대로 흘러간다. 좋은 습관이 몸에 밴 단계라고 할 수 있다.

그동안 잘 지켜오던 결심을 한순간 지키지 못했는가? 너무 실망하지 마라. 그건 제자리로 되돌아간 것이 아니라 이미 세 번째 단계까지 왔다가 잠시 두 번째 단계로 뒷걸음질 친 것에 불과하다. 이보 전진을 위해 일보 후퇴한 것이라고 생각하라. 어떤 결심을 하든 언젠가 그 결심을 지키지 못하는 순간이 온다. 이 역시 변화의 일부일 뿐이다. 산에 오를 때도 오르막과 내리막을 반복하면서 정상에 도달하듯이 모든 변화는 2, 3단계를 왔다 갔다 하면서 결국 마지막 4단계에 이르게 된다. 그러므로 2단계로 잠시 후퇴했다고 '에라 모르겠다' 하면서 하산해버리면 안 된다. 오히려 3단계까지 도달했던 자신에게 그동안의 노력을 칭찬하고 정상을 향해 다시 오를 수 있도록 용기를 주고 격려해야 한다.

실제로 금연을 결심했다가 도중에 흡연을 한 사람이 무려 85%(재발률)나 된다. 그런데 중요한 사실은 2, 3단계를 반복하는 사람이 처음 금연을 시도한 사람보다 성공률이 200%나 높다는 것이다. 사람들은 결코 실패하지 않는다. 중도에 그만둘 뿐이다. 그러니까 결심을 중도에 지키지 못했다고 해서 절대로 포기하면 안 된다. 산 정상을 오를 때처럼 우리의 삶도 오르막과 내리막을 반복해야 정상에 다다를 수 있다.

시도할수록 점점 더 쉬워진다

절제를 통한 습관 바꾸기는 두 가지 억제 과정을 거친다. 초기의 적극적인 억제 과정과 후기의 소극적인 억제 과정이다. 자기 통제 분야의 전문가이자 컬럼비아 대학의 심리학자인 스탠리 샤흐터 박사는 여러 가지 실험과 인터뷰를 토대로, 습관을 바꾸는 가장 효과적인 비결의 하나는 시도와 실패를 반복하는 연습이라고 주장한다. 금연에 성공한 사람들은 대부분 수십 번 금연을 시도해본 경험이 있었다. 금연 초기에는 여러 가지 금단증상과 생리적 갈망 때문에 많은 노력과 에너지가 소모되는 적극적인 억제의 형태를 띤다.

그러나 시간이 지나고 연습을 거듭하면 후기의 소극적인 억제 과정으로 진입하게 된다. 이 단계에서는 초기처럼 많은 노력을 기울일 필요가 없기 때문에 담배를 끊거나 살을 빼는 것이 점점 더 쉬워진다. 술을 끊는 일이든, 아침에 일찍 일어나는 것이든, 규칙적인 운동이든, 변화를 시도했다 실패한 경험이 있다면 실패한 그 일을 다시 시작하라. 시도를 거듭할수록 그 일은 점점 더 쉬워진다. 힘들었던 적극적인 억제가 연습을 통해 점차 별다른 노력 없이도 절제할 수 있는 소극적인 억제로 바뀌기 때문이다.

끊었던 담배를 다시 피우는가? 빠졌던 체중이 다시 늘었는가? 아무리 비장하게 결심해도 실천하지 못할 때가 있다. 아무리 노력해도 제자리걸음이라는 생각이 들 때도 있다. 그렇다고 원래 자리로 되돌아간 것은 아니다. 감지하지 못할 뿐 그대는 시도와 실패를 반복하면서 많은 것을 배웠고 그만큼 성장했다.

매일 6시에 일어나기로 결심했지만 일어나지 못하는 날이 있다. 이때 결심에 조금이라도 다가갔다면 실패한 것이 아니다. 6시가 아닌 6시 30분에 일어났다면 '6시에 일어나지 못했다'고 너무 자책하지 말고, '다른 날보다 일찍 일어났다'며 스스로를 격려하도록 하자. 그러다 보면 내일은 더 일찍 일어날 수 있다.

끝까지 격려해줄 사람은 누구인가?

초대 가수의 비행기 연착으로 신인 가수가 대신 무대에 올랐다. 청중들은 크게 실망했다. 열심히 노래를 불렀지만 관객의 반응은 냉랭했다. 그때 2층 출입구에서 한 아이가 큰 소리로 외쳤다. "아빠, 정말 최고예요!" 신인 가수의 눈에는 그렁그렁 눈물이 고였다. 몇 초가 지났을까. 얼음처럼 차가웠던 청중들의 얼굴에 따스한 미소가 번지면서 우레와 같은 박수갈채가 극장 안에 울려 퍼졌다. 그 신인 가수는 바로 루치아노 파바로티였다.

암울하기만 해서 포기하고 싶을 때 가족이 건넨 격려의 한마디는 어둠에서 탈출할 수 있는 빛이 된다. 세상이 메마른 사막처럼 느껴지고 아무런 가망이 없다고 절망하고 있을 때 들리는 선생님의 따뜻한 격려 한마디는 희망의 싹을 틔워주는 단비가 된다. 처참한 기분이 들 때 어린 아들에게 듣는 단순한 격려의 말 한마디가 한 사람의 인생 행로를 바꾼다. 칭찬은 대단한 효과가 있다. 그러나 격려는 더욱더 대단한 효과가 있다.

거듭된 실패에도 포기하지 않으려면 우리에게 용기를 북돋아주는 사람들이 곁에 포진하고 있어야 한다. 자신감을 갖고 도전하려면 누군가의 따듯한 격려가 있어야 한다. 하지만 그런 사람들이 누구에게나 있는 것은 아니다. 있다고 해도 필요할 때 언제나 격려를 받을 수 있는 것도 아니다.

우리를 사랑하는 부모님도 우리와 함께할 수 없을 때가 있다. 아무리 자비로운 선생님도 도움이 필요할 때를 제대로 파악하지 못할 수 있다. 누구보다 친한 친구도 우리를 잊고 지낼 때가 많다. 그러나 우리 자신은 절대로 우리와 떨어져 있을 수 없다. 스스로를 잊어버릴 수도 없다. 그러므로 우리가 필요할 때 우리를 격려해줄 가장 확실한 사람은 바로 우리 자신이다.

아이들이 따르는 부모, 학생들이 좋아하는 교사, 존경받는 상사들에겐 한 가지 공통점이 있다. 잘했을 때 칭찬을 아끼지 않을 뿐 아니라 실패했을 때 힘과 용기를 주는 격려 기술이 남다르다는 것이다. 성공하는 사람들 역시 공통점이 있다. 다른 사람들이 자신을 아무리 비난하고 과소평가해도 자기 자신을 평가 절하하지 않고 스스로를 격려하여 용기와 힘을 북돋운다는 것이다.

실패했을 때 누군가를 비난할 수 없다면 자신을 비난해야 한다고 생각하는 사람이 많다. 그러나 사랑하는 누군가가 실패할 때, 그를 비난하는 사람은 없다. 실패를 비난하는 것이 결코 새 출발에 도움이 될 수 없다는 사실을 알기 때문이다. 한순간의 실패에서 벗어나 다시 도전할 수 있으려면 사랑하는 사람을 대하듯이 자기 자신을 너그럽게 대하고 따뜻하게 격려해줄 수 있어야 한다. 어디를 가건 항상 함께 있는 사람은 나이고, 우리를 진흙탕에 처박을 수 있는 사람도, 거기서 건져낼 수 있는 사람도 바로 자신이기 때문이다.

미래로 가라, 그리고 현재의 자신을 격려하라

자기격려란 자기 내면에 잠재한 힘을 끌어내어 전진할 수 있는 동력으로 만드는 능력을 말한다. 자기격려를 잘하는 사람은 단단한 내면 세계를 가진 사람이다.

운동선수나 가수들은 관중의 박수와 환호 소리가 열렬할수록 더욱 높은 기세로 실력을 발휘하지만, 그렇지 못하면 능력을 제대로 발휘하지 못하는 경우가 많다. 하지만 노련한 선수나 가수들은 외적인 요소에 별로 영향을 받지 않는다.

그들은 아무도 응원하고 칭찬해주지 않아도 남들이 쉽게 도전하지 않는 고난도의 일에 도전하고 몰입하면서 성취감과 기쁨을 느낀다. 그들은 외적인 보상이나 다른 사람의 평가에 연연하기보다 내적 가치와 목표를 지향하면서 스스로를 격려하는 능력이 남다르다.

 미래의 내가 현재의 나를 격려해야 하는 까닭

· 꿈을 이룬 미래를 구체적으로 상상해서 자기동기화가 된다.
· 꿈을 이루기 위한 달성 경로와 방법을 모색하게 해준다.
· 유혹에 휘둘리지 않고 고통과 역경을 견딜 수 있게 해준다.

가장 효과적인 자기격려는 원하는 것을 이미 이룬 미래의 자기가 현재의 자기에게 해주는 격려다. 그렇다면 자기격려는 어떻게 해야 하는 것일까?

첫째, 제대로 실천하지 못하고 있는 일, 노력하는데도 아직까지 성과가 나타나지 않는 일이나 중도에 포기하고 싶어지는 일한 가지를 찾아본다. 포기하고 싶게 만드는 장애물은 무엇인가?

둘째, 타임머신을 타고 미래로 날아간 것처럼 10년 혹은 20년 후, 꿈을 이루어 행복한 삶을 살고 있는 자신의 최고 모습을 상상하라. 어디서 누구와 무엇을 하면서 어떻게 살고 있는가? 오감을 동원해서 생생하게 상상해보라. 그리고 꿈을 이루기 위해 거쳐왔던 과정을 그려보라.

셋째, 미래의 관점에서 현재의 나를 바라보라. 지금 겪고 있는 문제와 그 문제를 포기하지 않고 극복할 수 있는 해결책을 찾아보라. 그런 다음에는 현재의 내가 다시 도전할 수 있도록 따뜻하고 진지하게 조언하고 격려하라.

만약 시간을 되돌릴 수 있다면, 세상 사람 중 절반은 위인이 될 것이다. 하지만 시간을 과거로 되돌릴 수는 없다. 그러므로 가끔은 미래로 미리 가서 현재를 과거로 바라보아야 한다. 그렇게 하면 지금까지 포기하려고 했던 많은 일을 끝까지 해낼 수 있다.

진심으로 널 격려하고 위로할 수 있는 이는 오직 '너' 뿐이다...

15. 자기격려
미래로 미리 가서, 현재의 자신을 격려하라!

묵묵히 탁월한 성과를 내는 사람은 남들이 쉽게 포기하는 고난도의 일에 도전하며 성취감을 느낀다. 그들은 보상이나 평가에 연연하지 않고 스스로를 격려하는 비결이 남다르다. 꿈을 이룬 미래로 가라! 현재의 나를 바라보며 진지하게 조언하고 따뜻하게 격려하라!

그냥 1%야! 그 힘이 위대한 거야!

○○야, 어쩌면 영원히 어둠의 긴 터널을 빠져나가지 못할 것 같다고 내게 말한 적이 있었지? 왜 나는 이것밖에 안 되느냐고 자책할 때도 많았지? 실행력 프로젝트를 하면서 날마다 작은 것 하나라도 실천하면서 조금씩 변화하는 너의 모습을 나는 지켜보고 있다. 네가 이 세상에 태어나서 처음으로 꿈이란 것에 대해 생각하고, 그 꿈을 이루기 위한 로드맵을 그리면서 고민하는 모습을 봤을 때, 이제는 많은 아픔을 이겨내고 새로운 삶에 도전할 수 있는 자신감이 생긴 것 같아 무척 대견스럽다. 아침에 일찍 일어나기, 데드라인 당겨서 일처리하기, 파생효과를 생각하면서 고객에게 조금 더 친절하게 대하기……. 많이 힘들지? 하지만 돌이켜 생각하면 지금 내가 이만큼 큰 사업을 하게 된 것은 모두 20대의 네가 그런 작은 변화들을 시도했기 때문이야. 너의 작은 생각과 실천이 먼 훗날의 나를 만든 것처럼, 지금 네가 힘들게 실천하고 있는 것들이 네가 원하는 미래로 너를 데려다줄 거야. 그렇다고 너무 크게 욕심내지는 마. 그냥 1%야, 어제보다 1%만 다르게 실천해봐. 그 1%가 네 인생을 100% 달라지게 할 거야. 알겠지? 누구보다 네가 잘 해낼 거라고 믿어. 그리고 나는 이 자리에서 기다리고 있을게. 멋진 모습으로 뛰어와서 내게 안길 때까지…….^^

고마워, 나의 20대야!

20년 후 50세인 일요일 아침. 감미로운 음악이 나를 깨운다. 고소한 커피향이 집 안에 가득하다. 어제 내 강연회에 처음 참석했던 작은아이가 "엄마, 어제 강의 정말 멋졌어요!"라고 하자 큰아이도 "사람들이 그렇게 많이 참석한 거 보고 정말 신기했어요!"라고 보탠다. 20년 전의 내 20대야, 많이 힘들지? 아버지는 사업에 실패한 후 술로 하루하루를 보내고 엄마 혼자서 식당 일을 하며 식구들의 생계를 책임지고 있잖아. 너는 대학을 포기하고 돈을 벌겠다는 생각도 했지만 엄마가 말려서 이를 악물고 공부하고 있지? 대견하게도 장학금을 받으면서 아르바이트로 번 돈을 허투루 쓰지 않고 엄마에게 드리고 있네? 고맙구나. 너무 힘들어 억울하다는 생각도 들지? 그럼에도 너는 좌절하거나 포기하지 않고, 항상 밝고 명랑하게 지내려고 노력하고 있구나. 역경을 뒤집으면 경력이 된다. 남다른 경력을 가진 사람은 모두 남다른 역경을 이겨낸 사람들이야. 20대의 네가 있었기에 지금의 나는 정말 많은 사람들의 희망이 되고 있다. 오늘은 500명의 고등학생들에게 '네 꿈에 희망의 날개를 달아라!'라는 주제로 강연을 했어. 네가 꿈을 이루면 그건 또 누군가의 꿈이 된다는 너의 생각이 현실로 이루어졌어. 자랑스럽고 고마워, 나의 20대야!

why not me?

내가 호텔 종업원으로 일할 때
나보다 뛰어난 사람은 얼마든지 있었다.
하지만 그들은 나처럼 하루도 빠짐없이
자신의 미래를 생생하게 그리지는 않았다.
노력이나 재능보다 더 중요한 것은 성공을 꿈꾸는 능력이다.
- 콘래드 힐튼

Q

해이해지는 마음을 다스리는 가장 효과적인 방법은 미래로 미리 가서 자신에게 편지를 쓰는 것이다. 힘들어하는 현재의 그대에게 어떻게 용기를 주고 격려를 하겠는가?

A

_____ 년 후의 _____ 가

오늘의 _____ 에게

변화와 자기혁신의 지렛대 15

01. **자기규정** – 자기 자신을 새롭게 규정하라!

02. **이유찾기** – 변화할 수밖에 없는 이유를 찾아내라!

03. **인생목표** – 장기적인 관점에서 로드맵을 그려보라!

04. **목적의식** – 목표에서 생각의 끈을 놓지 마라!

05. **역산계획** – 미래를 기점으로 현재를 선택하라!

06. **파생효과** – 도미노처럼 이어지는 파생효과를 찾아보라!

07. **목표분할** – 잘게 쪼개서 작게 시작하라!

08. **즉시실천** – 결심했으면 즉시 실행하라!

09. **실험정신** – 실패를 각오하고, 실험정신으로 도전하라!

10. **백업플랜** – 돌발 상황을 예상하고 플랜-B를 마련하라!

11. **상황통제** – 의지력을 시험하지 말고, 상황의 힘을 역이용하라!

12. **공개선언** – 은밀하게 결심하지 말고, 공개적으로 선언하라!

13. **데드라인** – 마감 시한을 앞당겨 데드라인을 재설정하라!

14. **한계돌파** – 임계점을 가정하고 한계돌파를 시도하라!

15. **자기격려** – 미래로 미리 가서, 현재의 자신을 격려하라!

지렛대 사용설명서

　세상의 모든 어려운 문제는 반드시 누군가에겐 쉽다. 그들에겐 공통점이 있다. 작은 힘을 가해 큰일을 실현하는 그들만의 지렛대를 갖고 있다는 것이다.

　이 책은 변화와 자기혁신의 지렛대 15가지를 소개하고 있다. 책을 읽은 후 지렛대 15가지를 모두 실천해야 한다고 생각할 필요는 없다. 반드시 순서대로 도전해야 하는 것도 아니다. 물론 15가지 지렛대를 모두 시도해보는 것도 의미가 있다. 하지만 너무 욕심을 내면 이 책에서 소개한 하루 1%의 위력을 느껴보기도 전에 포기해버릴 수 있다.

　우선 자신에게 가장 와 닿는 지렛대 한 가지만 선택하라. 하던 일을 멈추고, 인생목표에 대해 생각할 시간을 가져보라. 그리고 그 목표를 위해 하루 1%만 투자하라. 선택한 지렛대를 적용하고, 개선하고 마스터하라. 변화의 기본 원리를 깨우치면 나머지 지렛대는 저절로 내 것이 되고, 작은 성공은 또 다른 성공을 부른다. 지렛대 하나만 마스터하라. 모든 것이 달라진다!

인생의 도미노 효과는
이미 일어나기 시작했다

상담을 하다 보면 돈이 많건 적건, 지위가 높건 낮건 노후에 인생을 후회하는 사람들이 많다. 그들에겐 한 가지 공통점이 있다. 의미 있는 목표도 없이, 일에 대한 철학도 없이 그냥 열심히만 살았다는 것이다.

행복하고 성공한 사람은 다르다. 그들은 가끔 하던 일을 멈추고 생각할 시간을 가진다. 미래의 관점에서 현재의 행동을 결정한다. 종종 하던 일을 멈추고 생각할 시간을 가져보자. 타임머신을 타고 미래로 미리 가보자. 20년, 30년 후에 나는 어떤 삶을 살고 있기를 원하는가?

영화처럼 선명한 이미지가 떠오르는가? 그렇다면 시간을 거슬러 다시 현재의 시점으로 돌아오라. 인간관계가 되었건 비즈니스가 되었건 원하는 미래를 위해 지금 당장 해야 할 일은 무엇인가? 당장이라도 시작할 수 있는 작은 일 한 가지를 찾아보라.

찾았는가? 그렇다면 그 작은 일을 오늘 밤 12시가 지나기 전에 실천하라. 오늘도 내일도 하루 한 가지씩이라도 실천하라. 그렇게 하다 보면 어느 날 자신도 놀랄 만한 일이 일어날 것이다.

이제 이 책을 다 읽었다. 그렇다면 여러분은 배운 대로 뭔가 작은 변화를 시도할 것이다. 오늘 '30분 안에 책상 서랍을 정리하겠다'는 결심을 실천하면, 내일은 'TV 시청 대신 독서를 하겠다'는 결심을 실천할 수 있게 된다. 그다음 날은 하루 정도 술을 참을 수 있게 되고, 그러다 보면 담배도 끊고, 다이어트도 성공하게 된다. 그러면서 우리 머릿속에는 '~을 해냈다면 ~도 할 수 있다'는 반응 일반화 response generalization 현상이 자리 잡게 된다.

결과적으로 성공은 또 다른 성공을 불러오고 성공 경험들이 쌓이면서 지금까지는 상상하지 못한 큰 성과를 내게 된다. 이렇게 작은 일 한 가지씩이라도 꾸준히 하다 보면 그 작은 일들의 실천 효과는 시간이 지나면서 기하급수적으로 증폭되어 걷잡을 수 없는 결과를 만들어낸다. 그러면서 결국 남들은 엄두도 내지 못하는 큰일을 해내게 된다. 정말 그럴 수 있을까?

브리티시 컬럼비아 대학의 물리학자 화이트헤드 박사는 도미노를 사용해 작은 시작이 만들어내는 연쇄적 증폭효과를 실험으로 검증해냈다. 그는 도미노의 크기를 1.5배씩 늘려 13개의 도미노를 만들었다. 그리고 도미노가 쓰러지면서 만들어내는 힘의 크기가 어떻게 증폭되는지를 관찰했다. 첫 번째 도미노가 두 번째 도미노를 쓰러뜨릴 때의 물리적 힘의 크기는 0.0242마이크로 줄(Joule, 에너지의 단위)에 불과하지만, 12번째 도미노가 13번째 도미노를 쓰러뜨리는 힘은 무려 51줄이나 되었다.

도미노 하나하나가 차례대로 쓰러지면서 힘의 크기가 기하급수적으로 커져 무려 20억 배나 증폭된 것이다. 만약 크기가 1.5배씩 증가하는 28번째 도미노를 만들 수 있다면 그것은 엠파이어스테이트 빌딩을 쓰러뜨릴 정도의 힘으로 증폭된다. 이처럼 초기의 작은 시도가 연쇄반응을 일으키면서 기하급수적으로 증폭되는 현상을 '도미노 효과domino effect'라고 한다.

254

의외로 많은 사람들이 미지의 성공보다 익숙한 실패를 선택한다. 변화를 너무 어렵게 생각하거나 변화에 따르는 고통을 감수하고 대가를 치르고 싶지 않기 때문이다. 너무 거창하게 시작하지 말자. 매일 하루 1%, 15분만 투자하자. 오늘 할 수 있는 작은 일 하나를 정해 그 일을 쉽게 만들어주는 지렛대를 찾아내자. 그리고 오늘이 지나기 전에 실천하자. 하루 1%만 잡아주면 나머지 99%는 저절로 달라진다.

작게 시작하자. 모든 위대한 성취에는 반드시 작은 시작점이 있다. 이 책을 읽고 작은 시도 한 가지라도 해냈다면 인생의 도미노 효과는 이미 일어나기 시작했다.

Change Big? Try Small!

독자 여러분의 실천 결과를 기다리겠습니다!

lmk@ajou.ac.kr

나는 한 권의 책을 책꽂이에서 꺼내서 읽었다.
그리고 그 책을 꽂아놓았다.
하지만 그때의 나는 이미 조금 전의 내가 아니었다.
- 앙드레 지드 -

지은이 이민규

심리학 박사, 임상심리 전문가, 아주대학교 심리학과 교수.

성공적이고 행복한 삶을 위해서는 '1%'만 바꾸면 된다는 삶의 철학을 널리 퍼트려 '1% 행동심리학자'로 알려져 있다. 2001년 제1회 아주대 강의우수교수(Best Teacher) 상을 수상했으며, 2011년 교보문고 창사 30주년 기념 〈대한민국이 읽은 대작가 25인〉에 선정되었다.

심리학을 일반인들도 이해하기 쉽게 알리고 싶어 1996년에 《생각을 바꾸면 세상이 달라진다》를 썼다. 이후 10대 아들에게 목표를 설정하고 꿈을 찾도록 도와주기 위해 보냈던 이메일을 모아 《네 꿈과 행복은 10대에 결정된다》를 펴냈으며 2014년에 《지금 시작해도 괜찮아》로 새롭게 출간했다. 이 책은 '중학생 권장도서' 및 '청소년 권장도서'로 선정되면서 10대들뿐만 아니라 학부모와 교사들의 필독서가 되었다 .

2003년에 출간한 《1%만 바꿔도 인생이 달라진다》는 심리학을 기반으로 한 자기계발서 열풍에 불을 붙였다. 《끌리는 사람은 1%가 다르다》는 100만 부가 넘게 팔리면서 관계와 소통 문제로 고민하는 수많은 독자들에게 심리학적 지침서가 되었다. 이 책은 'yes24' 네티즌 선정 2006 올해의 책, '책을 만드는 사람들' 선정 2006 올해의 베스트셀러, '삼성경제연구소' 선정 CEO추천도서, '문화관광부' 교양부문 추천도서가 되었다. 《실행이 답이다》에서는 결심만 하고 실행하지 못하는 사람들에게 효과적인 실천 지렛대를 제시했다.

《끌리는 사람은 1%가 다르다》《1%만 바꿔도 인생이 달라진다》《네 꿈과 행복은 10대에 결정된다》《생각을 바꾸면 공부가 즐겁다》《실행이 답이다》는 일본, 중국, 대만, 태국 등에서도 번역 출간되어 해외 독자들의 사랑을 받고 있다. 그밖에 《행복도 선택이다》《현대생활의 적응과 정신 건강》《심리장애의 인지행동적 접근》 등의 저서가 있다.

단국대학교 특수교육학과를 졸업하고 서울대학교 대학원 심리학과에서 임상심리학으로 석사와 박사 학위를 취득했다. 공군에서 장병선발과 심리검사를 담당하는 장교로 복무했고, 서울대학교 학생생활연구소에서 카운슬러로 일했다. 조선대학교 의과대학 정신과 교수를 거쳐, 아주대학교 부설 아주심리상담센터 소장을 역임했다. 현재 아주대학교 심리학과 교수로 재직하고 있다.

lmk@ajou.ac.kr